メタボでズボラな夫がみるみる10kgやせました

ついでに妻《わたし》も5kgやせました

メイ ボランチ

はじめまして
イラストレーターの
メイ ボランチと申します
もぐ
もぐ
こちらは娘のつむたんです
あーっ
(2才です)
もぐ
もぐ
ポテチ
自分が小太りだから
でしょうか…
よく言えば健康体…
私はやせてる人を
好きになる傾向が
あり
鎖骨ういてる
キャー
ダンナさんも
長身ですらっと
細身の人でした
細身ゲットだぜ!
ヒィ
会社勤めしてた時の先輩をひっとらえました。
身長181センチ
体重65キロ
スラ~
キャー
コンビニに行く時も
おしゃれで
メイちゃんの好きな
プリン買いに行く?
フチが切りっぱなしのデザイナーズ系シャツ
オシャレな細身のスウェット
うん♡

食べることを忘れるぐらい
食にこだわらない人でした
え!?
お昼ごはん
食べ忘れたの!?
そんなことってある!?
う、うん…
え… 何でそんなに驚くの?
占い
しかし…
結婚した頃から
ぐんぐん太り始め
65kg
ちょっと丸くなったものの、まだ細い
70kg
おやおや?
気がつけば
13キロ増!!
ポムッ!
豊満なバスト
ズボンの上にのっかるお肉
78kg
付き合ってる頃の
長身細身の姿は
どこへやら
パリーン!

それもそのはず
お菓子は食べるが
ごはんは食べたり食べなかったり
という生活から
今日は夜ごはん
せんべいでいいや
バリバリ
ごはんをしっかり食べ
お菓子も変わらず食べる
という生活になったからです
おいし
もぐ
もぐ
ごはん食べたばっかりなのに…
ポテチ
13キロ太っても、まだ自分は
大丈夫だと思っているダンナ
ガリガリだったし
多少太っても
大丈夫だよ～～
メイちゃん
おおげさだなあ
フフッ
手持ちの服が着られなくなり
あれ!?
これ以上、上にいかない!!
パツッ
!?
服とスーツを
まるっと買いかえたって
いや、ボクまだ
やせ型でしょ
…と言う始末
私はというと
お姑さんから突然
大量の野菜と
ダイエットレシピ本が届く
ヒィー
やっぱり
私のせいってこと――!?
やせるレシピ本
嫁の責任なんじゃないかと
悩み

何より
太ったダンナを受け入れられず
やせてる人が好きなのに…
結婚詐欺だ…
もうトキメキもなくなっちゃった
1人焦っていました
メイちゃーんごはん何?
このまま
おすもうさんみたいに
なったらどうしよう…
耐えられない…
しかし時は来たり!!
ボォォ〜♪
結婚2年目の冬
ついにメタボの烙印を
押され
健康診断の結果
君は
メタボ
ダンナようやく
開眼!!
カッ
オレデブなんだ!!
やべえ
マジでやべえ
こうして
ダイエットを
決意したのでした
やせるぞーっっ
よかった〜
脱メタボ!!
ダイエット号
ザッパーンッ!

登場人物紹介

ダンナ　あっ（36歳）

から揚げとお菓子を愛する、ズボラ夫。仕事はお菓子の商品企画。以前はガリガリだったので、13kg 太ってもまだ大丈夫だと思っている。

メイ（32歳）

イラストレーター。ダンナとは社内恋愛ののち結婚。子どもの頃から小太りだが、細身の人がタイプ。ビールとチョコが大好物！

娘 つむたん（2歳）

結婚５年目に生まれた女の子。医者もびっくりの 37 週で逆子になり、帝王切開で生まれる。グミをこよなく愛している。

友人 ゆうこ

メイの高校からの友人。おしゃれなうえに、細くて引き締まったボディの持ち主。ダイエット通で、メイにさまざまな助言をくれる。

ダンナの母

気配り上手&料理上手。帰省のたびにおいしい料理でもてなし、夫婦の食欲リミッターをはずす。ある意味ダイエットのラスボス的存在。

メイの母

人が太ったかやせたかを瞬時に見抜く千里眼の持ち主。ダイエット情報に詳しく、色々教えてくれるが自分は決して実践しない。

もくじ

第1章 ダンナ、人生初のダイエットに挑戦

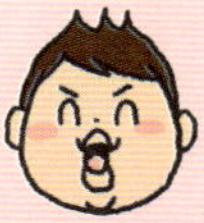

第2章 ダンナの失敗ダイエット

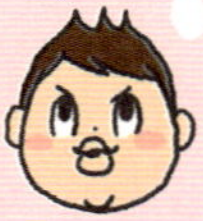

第3章 ダイエット成功!?

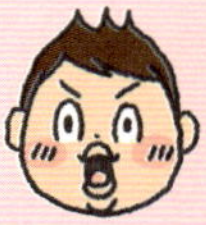

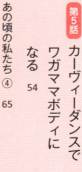

ダイエットの目標

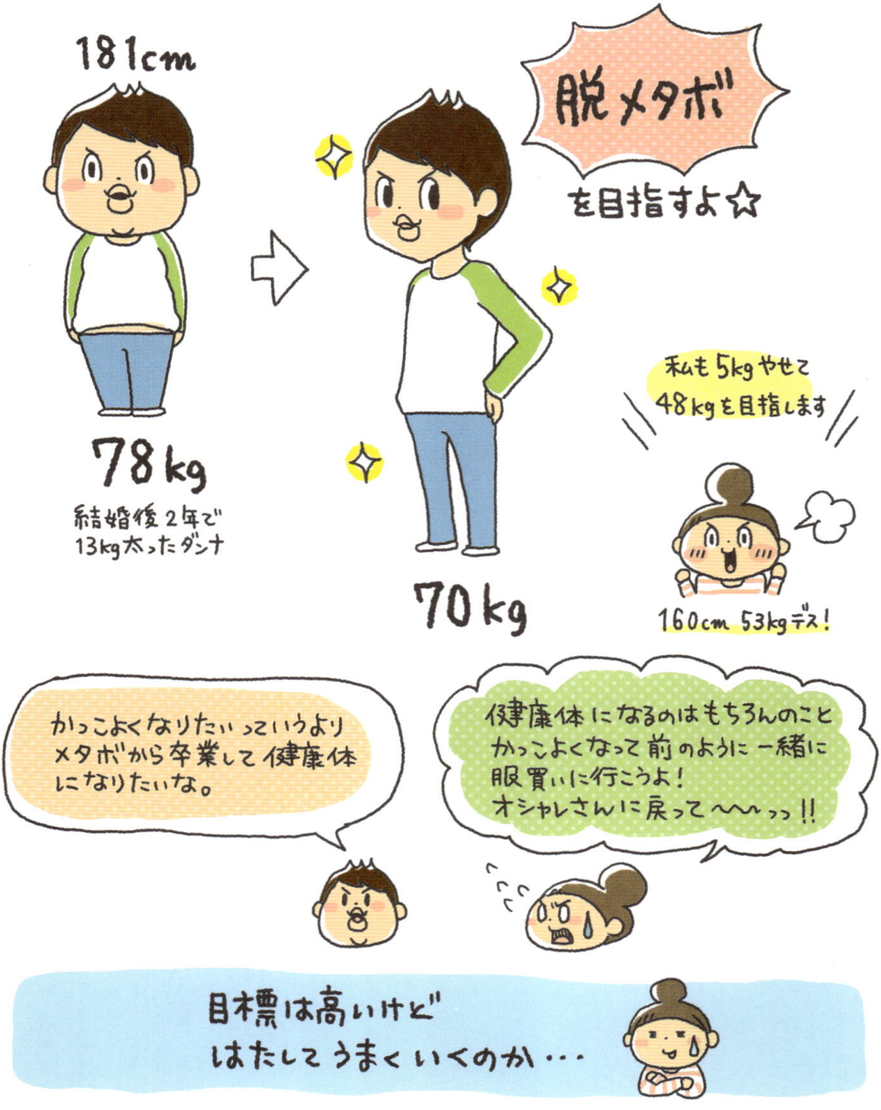
181cm
脱メタボ
を目指すよ☆
78kg
結婚後2年で
13kg太ったダンナ
70kg
私も5kgやせて
48kgを目指します
160cm 53kgデス!
かっこよくなりたいっていうより
メタボから卒業して健康体
になりたいな。
健康体になるのはもちろんのこと
かっこよくなって前のように一緒に
服買いに行こうよ!
オシャレさんに戻って〜〜っっ!!
目標は高いけど
はたしてうまくいくのか・・・

第1章

ダンナ、人生初のダイエットに挑戦

ふたりでジム通い
近所を散歩していたある日
あ
家から徒歩3分の場所にフィットネスジムがあることを知った私たち
○○スポーツジム
こんなとこにジムなんてあったんだね
ほんとだー
あっ、13キロも太っちゃったしさ 家から近いし、いいかもよ ダイエット通のゆうこもすすめてたし
う、うん…
すみませーん 見学したいんですけどー
はやっ!!
早速、施設を見学し
スイミングプール
マシンジム完備
サウナは2種類!!
サウナ&おふろ
プール内に〜 リラクゼーションスパもあるよ!
うおおっ

その後、体重や体脂肪
筋肉量の測定をしました
そこでおのれを知った私たち
体重・体脂肪
平均以上⇧
筋肉量
平均以下⇩
体重　平均⇨
体脂肪
平均よりちょい上⇧
筋肉量
平均以下⇩
脂肪多っ!
危機感を覚え
入会します!!
はいぃっ
その場で入会を決意!!
ジムグッズをそろえて
スニーカー
ジャージ上下
水着
目標を立て
8キロやせて
しかもやせてた時よりも
引き締まったボクになる!
細マッチョあっだよ☆
私も5キロやせて!
腹筋とかも
割れちゃって!
でも出るとこ出てる
ワガママボディになる!
ワがママボディて!
あはははっ

意気揚々とジムに通い始めました
週３は通うぞー!!
おっ!!
トレーナー指導や運動プログラム作成は有料だったので
やり方はね…!
?
はじめは片っ端から試してみました
そしてそこから独自に編み出した私のトレーニングコースは…
コレだ!!
ラットプルダウン
背中に効く☆
レッグプレス
太もも・ふくらはぎヒップアップに効く☆
チェストプレス
グリップの握り方で
縦 ⇨ 二の腕!!
横 ⇨ バストアップ!!
に効く☆
15回×2セットずつ
(大体20分)
ルームランナー
20分間走る!!
水中ウオーキング
腰をツイストしながらゆっくり歩く
ウエストに効く☆
20分間歩く!!
フィニッシュ
つかれた〜
メ《M》イワ《W》ガママボディコ《C》ース
略して…
MWC!
有酸素運動で脂肪を燃やす☆

ちなみに私たちが入ったのは…
2人で¥12000くらい
90分会員
1日1回90分間までいつでも利用できる（着替えを含む）
なのでMWC（メイワガママボディコース）をこなすのは結構ハードだったのですが
次はプール!!
移動もあわただしい
これを完璧にやり通さないとやせない気がしたのです
フー…
息をゆっくりはきながらツイストすると◎
でも、そのおかげで
…
うぐぐっ
続けられてエライですね！
いえそんなこと〜♥
イケメントレーナーさんにもほめられた上に
その後このトレーナーさんのいる曜日に来るようになった私
1カ月で2キロやせました！
51kg
ひゃっほー
このまま順調にいけば夢の40キロ台に突入する
ワガママボディも近いぞ!!
…と、思っていたのですがそううまくいきませんでした
というのも…

はじめは2人で一緒に通っていたのですが
2人で水中ウォーキング
あつー
ジム行こうよー
んー…
今日は疲れたから
ボク行かない
メイちゃん
1人で行ってきなよ～
えー？
一緒に行こうよー
その方が楽しいし
頑張れるじゃん！
えーっ、やだよ
自分のタイミングで
行きたいもん、ボク
………
あははは
っ
段々、別々に行くようになりました
トボトボ

1人で行くようになってから
サボりがちになった私
あ！
今週行ってない
10月
お金を払ってるんだから
行かなきゃなー…
もん
もん
もったいないよなー
でも…
行ったら
あれも
これも
それも…
etc
やらないといけないし…
行ったからには
MWCを完璧にやり通さないと
いけないという
マイルールにしばられ
ジム
あれ!?
気づけば
あんなとこに!!
どんどんジムへ
足が遠のく私
パリッ
明日にしよ…

3ヵ月後には…
受付
あの〜
退会します
キリッ
やめました
やせた2kgも元に戻りました…
手続き終了です
あ、ありがとうございます…
ワイ
ワイ
私、明日もこの時間に来るけど、田中さんは？
じゃあ私もそうしようかな
………
友達と楽しそうに通うおばちゃんたちを見て
ジムを続ける秘訣を見た気がしました
さ、帰ろ…
今さらだけどな
さて
ソッコーで退会した嫁をよそに
ダンナはというと

最低週2回は通い
行ってきまーす!!
あはははっ
私のようにやり通さねばと気負うことなく
マイルールにつぶされた人
MWC
自分のペースで続けていました
ダンナの大体のトレーニングメニュー
エアロバイク
テレビを見ながらできるからお気に入り☆
ラットプルダウン
前
後
バーを持つ方向で 前⇨二の腕 後⇨背中 に効く☆
レッグプレス
太もも・ふくらはぎ ヒップアップに効く☆
特に回数は決めず負荷がかかってるな〜と思うまでやる感じだよ!
なんでこのメニューになったの?
有酸素運動と筋トレの2種類はやろうと思ってて「負荷かかってる実感」があって、「続けられそう」なものが自然と残った感じ
疲れてたらエアロバイクだけの日もあるし、
モットーは無理しすぎないこと

なぜ続けられるのか聞くと
トレーニング後の サウナとお風呂の解放感が たまらないからかな
ストレス発散になる～
…とのことでした
あとは ダンナの報告を聞き
今日はね エアロバイクを 40分も こいだんだよ！
ほめちぎっている私の功績も 大きい気がします
スゴーーイ!!
さすがあつ!!
普通そんなに続けられないよーーっ
私ったらいい嫁～
しかし
頑張っているにも関わらず
ちっともやせないダンナ
なんで!? ボクこんなに頑張ってるのに
努力が報われないことに イライラ
おやつも減らしてるのに なんでだろう？
あっ…
私も この時は不思議で 仕方ありませんでした

また
仕事が忙しくなったこともあり
段々行かなくなったダンナ
……
玄関に置きっぱなしのジムセット…
半年後
あつー
ジムは行かないの!?
お金払ってるんだから
行ってきなよ!
自分のことは棚上げ
んー…
ブー
ブー
んーじゃなくて!
行かないならやめてよー
じゃあ…
パリッ
やめる
即答かい!!
こうして
ジムでダイエット作戦は
幕を閉じました

あの頃の私たち①

☆ 2人でジム通いダイエット 最終結果 ☆

おのれを知る

計画倒れな私と違って、ゆるいけど現実的なプログラムを組み、長く続けられたダンナ（つっても、半年ですが…）。結果は出せませんでしたが（その理由はのちほど）、ダイエットに取り組む前にまず「自分ができる範囲」を知ることが大事だと学びました。

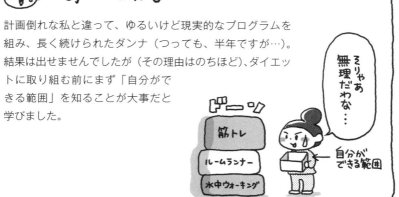

ダイエット通 ゆうこのひと口メモ①

ジム通いを続けるコツ

継続しやすい状況をつくって、楽しく運動するのが大事！

❶ 通いやすい場所を選ぶ

女性なら、入浴後すっぴんで帰れる近場がおすすめ。多少お金はかかるけど、ロッカーを借りてシューズやお風呂セットを置いておくと、身軽に通えてやる気が持続しやすいわ。

❷ スタジオプログラムに参加する

マシンは単調でキツくて三日坊主になりがちだけど、スタジオで行うプログラムはとっても楽しい！　初心者向けを選べば安心だし、開催日時も決まっているから、ジム通いが習慣化できるわ。

❸ 運動好きの友達と通う

「ジムに行こう！」と誘ってくれる友達がいると、サボる気持ちを抑えられるわ。トレーニング後のお風呂タイムが楽しみでやる気もアップ。

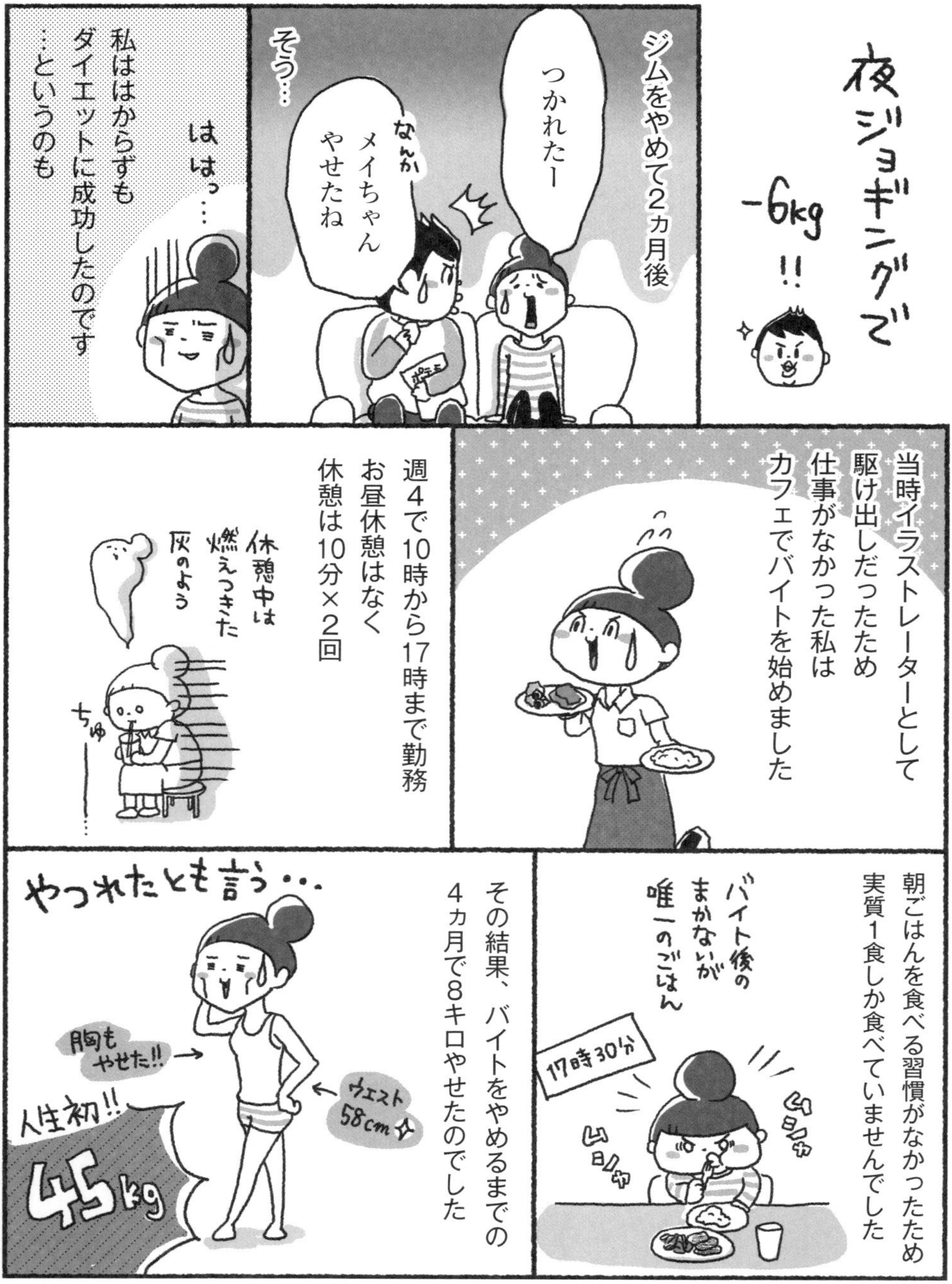

夜ジョギングで
-6kg
!!
ジムをやめて2ヵ月後
つかれたー
なんか
メイちゃん
やせたね
そう…
ははっ…
私ははからずも
ダイエットに成功したのです
…というのも
当時イラストレーターとして
駆け出しだったため
仕事がなかった私は
カフェでバイトを始めました
週4で10時から17時まで勤務
お昼休憩はなく
休憩は10分×2回
休憩中は
燃えつきた
灰のよう
ちゅ――……
朝ごはんを食べる習慣がなかったため
実質1食しか食べていませんでした
バイト後の
まかないが
唯一のごはん
17時30分
その結果、バイトをやめるまでの
4ヵ月で8キロやせたのでした
やつれたとも言う…
胸も
やせた!!
ウエスト
58cm
人生初!!
45kg

ダンナはというと…
ぞ〜ん
結婚前から比べて15キロ増!
ついに大台☆
80kg!!
なんだかんだ言って仲間だと思ってた嫁がやせたため
あいつ万年小太りのくせに…!!
いつのまに!?
むしろ格下だと思ってた人
おふろ入るか〜
付き合ってる頃
あっもやせてる人のちがいいよね…
うぅんメイちゃんくらいが丁度いいよ!
フッ
私、小太りだし…
オレが優位だったのに!!
立場が逆転しちまう!!
危機感を募らせたダンナは
ジム用に買ってそれっきりのスニーカーを見て
6ヵ月しかはいてないよ☆
ボク、ジョギング始める!!
ぎゅっ
…と言い出しました
どうせすぐにやっぱやめたとか言うんだろうな
へぇ〜頑張って〜
…と、思っていましたが

目標体重を書いた紙と
やせてる頃の写真を貼り
半年で10kgやせる
何やら本気モードのダンナ
ボオオオッ
仕事から帰宅後、ソッコーで着替え
ただいまー!!
ポイ
ポイ
あ
ごはん食べてからだとリラックスして走るの面倒になっちゃうから!!
帰ってからでいいから…!
ポイ
ごはんも食べずに
わ、わかった
お財布は買い食い防止のために持っていかないよ!
誘惑に勝てる自信ないからね…!
走り始めました
はじめは色々な道を走ってたらしいのですが
こっち行ってみよう
方向音痴ゆえ、道に迷ってしまい帰るのに相当時間がかかってしまったことから
ここどこー!?
うわーーん
結局家を出てから2時間たって帰ってきました…
家からまっすぐの道をジョギングコースに設定しました

ダンナのジョギングコース
往復30～40分
約3km
いえ
コンビニ
時間ではなく、このコースを走り終えたら終了
ダンナポイント1
聞いてる音楽をまめに更新する
新しい曲に変えるだけで気分もリフレッシュ☆
スーパー
ゆる～い坂になってて、適度な負荷がかかるよ！
ダンナポイント2
"走ってはちょっと歩いて"をくり返す
あのコンビニまでは走ろう!!
市役所
○○市役所
ずっと走ってるとすぐ疲れちゃうし苦しくなっちゃう。
ボク『無理しすぎない』がモットーだからさ！
ほぼ1本道で市役所前で折り返すよ！
走り終わった後は重大な仕事を終えたかのような充実した顔
今日もいい仕事したぜ…
鏡の自分とにらめっこをし
お腹出てる！
とため息をついてシャワーを浴びるという生活をくり返していました

しかし、1カ月後には
あれ？ お腹へこんできたかも
3キロ減!!
気をよくしたダンナは
残りはメイちゃんにあげる
半分以上残ってるじゃん!!
ポップコーン
大好きなお菓子も減らし
ジョギング後に食べる夕食も少なめにするようになりました
メイちゃんごはんは小盛りでいいからね！
え!?
大盛りじゃなくて!?
私も微力ながらお手伝い
新しい曲入れてー
CDいっぱい借りてきたの～
ハイよ～
アイポッドに曲を入れる係
PC
そんな日々をくり返すこと3カ月
31 20 17 6 1
雨の日以外毎日走ったよ！
なんと6キロの減量に成功したダンナ!!
首まわり少しスッキリ
お腹が少しへこんだ
80kg
74kg

私が恋した
あの頃のあつに
会えるかもしれない!!
キャ
と期待していたのですが
6キロ減量という結果が出て
気がゆるんだのか
ただいまー
ジョギングをサボるようになり
あれ？
今日は行かないの？
うん、今日は休み～
いつの間にか
怠惰な生活へ
逆戻り
ごはん大盛り
（たまにおかわり）
食後に
アイスと
お菓子
ポテチ
チョコ
コーン
うまー
徐々にふっくらし始めました
ん？
ちょっと
太ったんじゃない？
そう？
最近 体重
量ってないからな～
でも…

オレは本気出したらすぐやせられるから!!
ぐっ
そう、オレは3ヵ月で6kgやせた男!!
過剰な自信が危機感をにぶらせ
なんと!3ヵ月後に6キロ増!!
80kg
3ヵ月
74kg
3ヵ月
80kg
まぼろしっ!?
せっかく6キロやせたのに戻っちゃったじゃん!!
いや…
戻したんだよ
あえてね
キリッ
!?
こうしてダンナのジョギングでダイエット作戦は終了したのでした

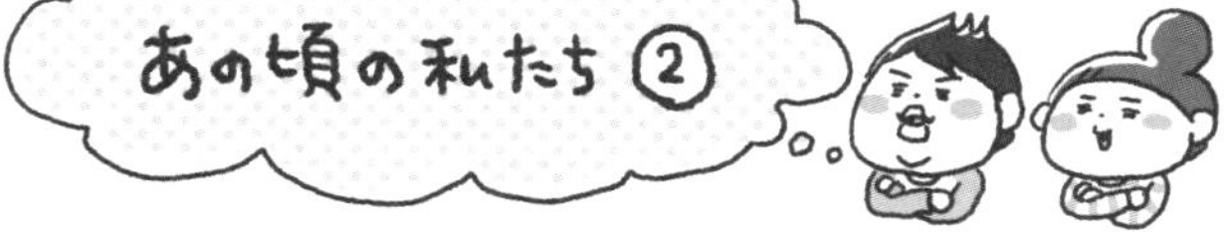

ダンナの運動歴

ダンナは運動と無縁というわけではなく、小学校では野球を、中高では卓球＆八極拳（中国武術）をやっていたそうな。ジョギングも今回が初めてではなく、ガリッガリの高校時代にも体力づくりのために走っていたそうです。しかも手首と足首に重りをつけて。まさか 15 年後に自分がブックブクになって走ることになろうとは、夢にも思わなかっただろうな……。

ダイエット通 ゆうこのひと口メモ②

ジョギングでやせるコツ

やせるコツはズバリ「ゆっくりした速度で、長時間走る」ことよ！

❶ おしゃべりできるくらいのペースで走る

苦しくなるほど速く走る必要ナシ。ゆっくり走っても脂肪は燃焼するから、おしゃべりできるくらいの速度で楽しく走りましょう。

❷ 30分走るのを2、3回に分けてもOK！

30分走るのを一度でやっても、何回かに分けてもOK。息が上がったら、歩いてもいいの。距離より、10分でも長く走る方が大切よ。

❸ 正しいフォームで走る

正しいフォームで走ると、疲れにくいから長く走れるわよ。基本は背筋を伸ばして、やや前傾姿勢。足は蹴らず、地面を押すようにして！

第2章

ダンナの失敗ダイエット

青汁で食べる順番ダイエット

ボランチ家緊急会議スタート
あつ…
この間体重量ってたよね
何キロだった?
82キロ…
えー?
増えてるじゃん!
結婚前から17kg増
あつは
やせたくないの?
そりゃあ
やせたいけど…
私はやせてほしいよ!
服好きのおしゃれさんだったのに
服に興味なくしちゃうし
むしろ最近ダサいし
かっこいいあつに
戻ってほしいんだよ!
………
太ってからさ〜

着られる服も限られてきちゃったし
ガーン
これ以上大きいサイズはございません
すみません…
独身の時はさ
好きな人に良く思われたいから外見を気にしてたけど
こっちがいいかな？
結婚したらその必要がないじゃん だからもう服とかいっかな〜って…
で
でもさ！会社の人とかに太ったとかダサくなったとか思われたら嫌じゃないの!?
別にいいよ ボク、もともと人の目ってあまり気になんないし
ケロッ
で、でも、太って不便だと思わない？体重が重くてしんどいっていつも言ってるじゃない？
うん、しんどいからエレベーターとかエスカレーターとかよく使ってるよ
ラクチンだよ
ハハハッ
ほじ
ほじ

ダ、ダメだ……
外見も気にしない
不便とも思わない
こいつ、太った自分を
完全に受け入れてやがる!!
悟りの境地
デブの人生
あっ
それなら!
これでどうだー!!
健康診断結果☆
君はメタボ
ウエスト 92cm
・コレステロール値
・空腹時血糖値
⇨数値オーバー
そして脂肪肝でもあるよ
・GPT 数値オーバー
ギャーー
油っぽいものを控えましょう
揚げものばかり買い食いしてたん
しゅん……
そうだ～医者に注意されたんだった～
この攻撃は効いたようで
その後、ドラッグストアに寄った際
バッ
ん
ん?
これだ!!
プルプル
プルプル

メイちゃん
買って!!
タタタッ
目を輝かせたダンナが
持ってきたもの
それは…
飲みやすい
青汁
シェーカー付
青汁!!(シェーカー付き)
食生活を見直すように
医者に言われたからさ
これなら手軽に
野菜もとれるし
ダイエットにもなるよ
シェーカーもついてるし!
くねっ
飲みやすい
青汁
え?
青汁がどう
ダイエットになるのさ!
ほら、食べる順番ダイエットって
あるじゃん?
あのサラダやみそ汁を
青汁にかえるんだよ
あっ流☆青汁で食べる順番ダイエット
食べる順番を守ることで満腹感が
得られて食べすぎを防ぐ
サラダ、おみそ汁など
野菜類
肉や魚など
たんぱく質
ごはんなど
炭水化物
青汁にする
血糖値の上昇を抑えて
脂肪もつきにくく
なりそうじゃん?
しかも
シェーカー付いてくるし

やたらとシェーカーにこだわっているところが気になりましたが
本人がやっとやせる気になった機会を逃したくなかったので承諾
イエーイ!
OK!
そして買ったその日から実践し始めたダンナ
私にも飲ませて〜
ゴクゴクゴク
まずっ!!
そう?
全然イケるよ!! しかもお腹ふくれた感じする!
ボクごはんは半分でいいよ
まじでー!?
その後も
さて緑の悪魔（青汁）を飲むか
スッ…
意気揚々とシェーカーを振り
シャカ
シャカ
気分はバーテンダー

朝食代わりに1杯
ゴクゴク
夕食の前に1杯
より満足感を得られるように噛みながら飲むのがポイント
を続けていました
これならやせられるかもね
…と、思っていたものの
全く変わらず!!
ポン
まじか…
そして、まもなくその理由が判明
すみません!エクレア食べました――っ!!
ガク～ン
うわあぁっ
口元にチョコをつけて帰宅し、ソッコーバレる →
私に隠れてちょいちょい買い食いし続けていたのです
挙げ句の果てに
あつさん昨日18時くらいにポテチ1袋食べてましたよ
もぐもぐ
…っていうか前からちょいちょい食べてるの見かけました。
← 共通の会社の後輩
まじか!それでジムの時もやせなかったんだ!?
会社でお菓子をもりもり食べてるというではありませんか!

厳重注意をし
夕食減らしてるから ちょっとくらい いいかな〜と思って
いやいや 結局夕食の量 増えてきてるし お菓子も買い食いも 控えるように!!
…ハイ。
心を改めるように 言ったのもつかの間
青汁ダイエット 開始から3カ月
いただきまーす
え?
パクパク
おいしーっ
ちょっとちょっと 緑の悪魔（青汁）は 飲まないの?
あら あら?
フッ…
悪魔は去った!!
つーか、マズイしメンドイー…
キリッ
だめだこりゃっ
この一言で 青汁で食べる順番ダイエットも 幕を閉じたのでした

ダイエット通 ゆうこの ひと口メモ③

メタボを甘くみてはダメ

メタボだと病気になる確率が高まる!?　家族の未来のためにもダイエット！

❶ メタボって何？ 基準は？

メタボリックシンドロームとは、肥満をベースにして、高血圧・高血糖・脂質異常（コレステロールや中性脂肪が多い状態）のうちの、いくつかの危険因子が組み合わさった状態のことをいいます。

>> メタボの診断基準

ウエストサイズが男性 85cm 以上、女性 90cm 以上で、①②③のうち２つ以上に該当する場合、メタボリックシンドロームと診断されます。

①中性脂肪値が 150mg/dl 以上、HDL コレステロール値が 40mg/dl 未満（いずれか、または両方）

②最高血圧が 130mmHg 以上、最低血圧が 85mmHg 以上（いずれか、または両方）

③空腹時血糖値が 110mg/dl 以上

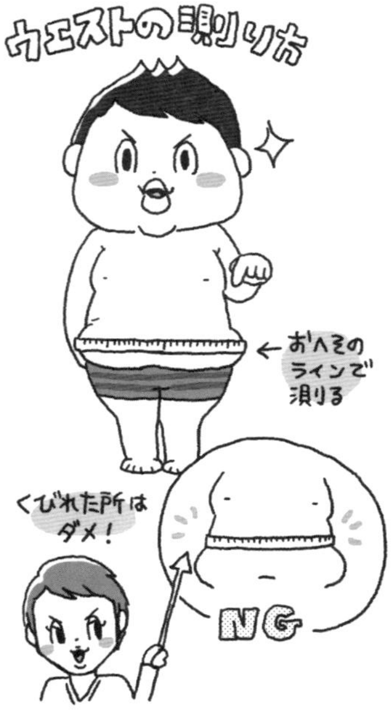

❷ メタボになるとどうなるの？

メタボを放っておくと動脈硬化が進み、心臓病や脳卒中になる危険性が高まります。ウエストが太くなったなと思ったら、早めに生活習慣を改善しましょう。

❸ 食事と運動で改善！

メタボ改善のために過食と運動不足を解消し、体重の5%を減らしましょう。それだけで、さまざまな数値が改善されます。

まだある
ダンナの失敗
ダイエット
ダンナがダイエットのために「おねだり」したのは青汁だけではないのです
忘れ去られたシェーカー
ついに結婚前から20キロ増
どどーん
85kg
もはや親指みたいなシルエットになっていた頃
そっくり…
たまたま流れたCMを見て…
トクホ茶
高濃度茶カテキン
トクホ茶
こ、
これだ!!
カチッ
カチ?
あれ買ってきてケースで! ボク、毎日飲んでやせるよ
本当に飲むの? 青汁も続かなかったじゃん…
今度は本当に頑張るよ
あのお茶高いんだよ~
高いからこそ飲まなきゃって思うんだよ! 続けられるって
スイッチON!
こうなったダンナは止められないのでしぶしぶケース買いすることに

ネットで調べてみると…
そのお茶は肝臓や筋肉の脂肪消費を助ける茶カテキンを多く含んでいて
わら
押忍!
わら
高濃度茶カテキーーン!
1日350ミリリットルを毎日飲むことで脂肪の分解・燃焼をしやすくなる体になるということでした
続けなきゃ意味ないんだなあっ大丈夫かな?
…という私の心配をよそに
家にいる時は大好きなジュースを止め
会社ではホットのブラックコーヒー
ジュース
ゴク
ゴク
飲み物はトクホのお茶のみになったダンナ
最初に買ったケースを飲み切り、順調に進んでいるかと思いきや一向に体重は減らない…
1L 12本入り
からっぽ
2ケース目になった時に私は気づきました
あーーっ
ちょっとちょっと夕飯後にお菓子はまずいでしょ!?
青汁の二の舞だよ!

トクホのお茶
飲むから
ダイジョーブイ♡
てへっ♡
ブイブイッ
こ、こいつ…
あのお茶を免罪符か
なんかだと思ってる!!
お菓子のカロリー
オレたちで
なかったことに
してやっから！
ひぇ～
カロリー
茶カテキンたち
ありがと～
あんたの食べたもんはねぇー
ガシッ
トクホのお茶で
帳消しに
ならんわー!!
ブン
ブン
ギャー
ピタッ
カロリー
ピタッ
しかも
「やっぱり苦いのに慣れない」
という理由で3ヵ月で終了

そして次におねだりしてきたもの
もちろん体重は85kgのまま
くねっ
それは…サプリメント!!
30日分
燃焼系サプリメント
いいないいな〜〜っ
ほわああ
当時、芸能人が本当にやせたというCMがバンバン流れており、これこそ免罪符だと目を輝かせていました
いいないいな〜
メイちゃん、あのさ…
ダメ
ボクまだ何も言ってないよ…
どうせCMのサプリ買ってって言うんでしょ！
なんでわかったの？
そりゃあテレビ見ながらいいないいないいな連呼してたら気づくよ
オレマジなんだって!!
今度こそ続けるから！
お願いだよ〜っ
仕方なく食事の量を減らすことお菓子を減らすこと（会社でのおやつや会社帰りの買い食いは言語道断！）を条件に承諾しました
ごはんは小盛り
あたりめかラムネなら食べて良し！
なぜ承諾したかというと
失敗する未来がチラついてるのに
またお金のムダ使いなんじゃね〜い？
わ、わかってます…

これ以上
ははははっ
中年まっしぐらのダンナを見たくなかったから
試着したパンツが履けないことをくり返した結果
心が折れたダンナは本格的に服に興味をなくし
ついに…
……。
メイちゃん適当に買ってきて
と言い放ったのです！
←ふっきれた
一緒にショッピングを楽しんだあの頃を取り戻したい！
何でもいいからやせてくれ!!
これいいな～
似合いそー♥ あっ、いい物見つけるの上手――っっ
こうしてダンナの燃焼系サプリダイエットが始まりました
その前に
ダンナが使った燃焼系サプリメントは体の代謝を上げ消費カロリーを増やす効果があることからダイエットに効くとされているらしく
消費カロリーアップ☆
家事の動作を大きくするなど日常のちょっとした工夫でも◎
♪
運動も加えるとさらに効果が期待できるとのこと

今回は本気だったらしく
食事とお菓子を減らして
頑張るダンナ
サプリの目安
食前に 1日2～4粒
ダンナの場合
昼・夜 食前に2粒ずつ
飲んでいました。
サプリに
「やせ夫」という愛称をつけ
やせ夫
持ってこー
昼食分のサプリを
アルミホイルに包み
会社に持っていくという徹底ぶり
少しずつ効果も
見え始め
出勤時も
階段を使う
順調にダイエットは
進んでいきました
ふん
ふん
♪
2カ月で
1kg減
しかしその頃
グルルル
プル
プル
下痢がひどくなっていたダンナ
もともとOPP（お腹ピーピー）で
会社へ行くまでの間に1回は
電車をぶらり途中下車して
トイレに駆け込むのですが
この頃は
家で1回
最寄り駅に着いて
1回
加えて
ぶらり途中下車
1回
になっていました
会社に着く頃には
ヨレッヨレ
会社
途中の
駅
最寄の
駅
家

いや〜
今朝もヤバかった…
満員電車でゲリラ起こすとこだったわ
下痢だけに…
大変だったね〜
それにもうおしりが痛いよ〜
すんすん
どうしてこんなに下痢っぽいんだろうね〜
ハッ
まさか!!
サプリ
バッ
※本品は、体質や体調によってお腹がゆるくなることがあります。
ドーン
これかー!!
やせ夫ーおまえだったのかー!!
実際飲むのをやめてみると下痢も止まりました
体質に合わないという予想外の理由で燃焼系サプリもまた3ヵ月で終了したのでした
ボクは悪くないんだからね!

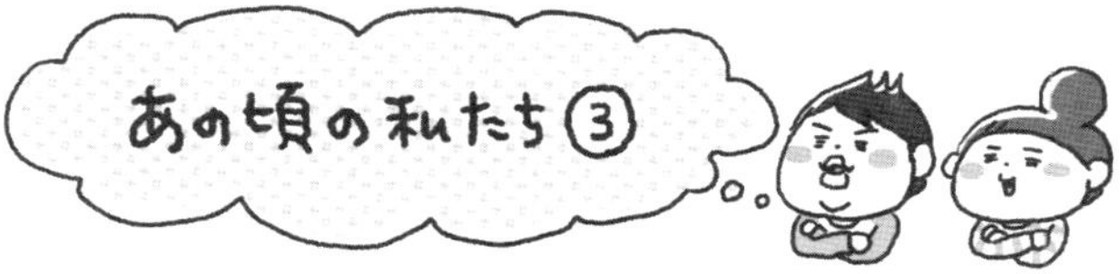
あの頃の私たち③

☆青汁・トクホ茶・サプリメント ダイエット 最終結果☆
サプリで−1kgになったんだけどね！
ま、戻ったけどさ…
トクホ茶
85kg
−0kg
目標まで：−15kg
アルバイトを辞めて太りました
ハハッ
← 何もやってない
50kg
+5kg
目標まで：−2kg

お金より食欲

「1kg やせたら１万円あげるから！」「90kg 台になったら離婚だからね！」などと言って、ダンナをやる気にさせようと躍起になっていた私。しかし、この頃のダンナは食べることしか楽しみがなかったので全然響かず……。

そんな時に出会ったのが、この３つの魔法のアイテムだったわけですが、《カロリーを帳消しにする魔法》はダンナには効きませんでした。

脂肪吸引が自分でできたらいいのにな〜
ゲリと一緒に脂肪も出てこないかな〜
もぐ
もぐ
簡単にやせられる妄想をダンナはよくしていました。

ダイエット通 ゆうこの ひと口メモ④

サプリメントの上手な利用方法

サプリメントを効果的に使ってダイエットに役立てましょう。

❶ 自分に合ったサプリを選ぶ

食べる量が多くて太ってしまう人	運動しているのにやせない人	便秘気味の人

➡ 食欲や吸収カット系	➡ 燃焼効率アップ系	➡ 便秘解消系

❷ 飲むタイミングと量に注意する

サプリメントは薬ではないので、飲む量やタイミングが明記されていないの。その代わり、サプリが入った袋や箱に「１日２～３粒を目安に」「食事の前に」などのおすすめの飲み方が記載されているから、それをちゃんと読んで飲みましょう。

第3章 ダイエット成功!?

カーヴィーダンスでワガママボディになる

ほら、この樫木先生って人がね…
めっちゃスタイルよくない!? まさにワガママボディじゃん!!
ワガママボディ？
?
カーヴィーダンスを考案したんだけどね
回す・ウェーブ・シェイクなど体を曲線的（＝カーヴィー）に動かして女性らしいメリハリボディを作るってやつなの
芸能人・スポーツ選手にも人気!!
体験した人の中では…
2週間で −2kg ウエスト −3.5cm
きつかったジーンズがゆるゆるに！
4週間で ウエスト −6cm のツワモノも☆
体重が減るだけでなくて体も引き締まるみたいよ
女性向けみたいだけどこれすすめてみたら？
それに
ほほ
メイも太ったでしょ見たところ5キロ増…
ニヤリ
ギクッ!!
くっ…
ドンピシャだよ…
45kgから50kgに増

私の母は人の太ったやせたを瞬時に見抜く千里眼を持つ
この女優さん太ったわね
カッ
そう?
芸能人もターゲット
ほら、コレあげるから
2人で一緒にやればいいのよ!
ありがと♥
やってみる!!
そういえば
お母さんはやってみてどうだったの?
え?
やってないよ
ケロッ
えぇっ!?
めっちゃ力説しといてやったことないの?
ガタッ
うん。
ヘルニアだから無理なのよ
ただの樫木ファンだし。
いや、
ファンならやろうよ!
説得力にはやや欠けましたがその後、ダンナに提案してみました
これやれば絶対やせるよ!
一緒にやろうよ!!
できるかな?
う〜ん
じゃあやってみるか…
DVDに入っているカーヴィーダンスプログラムは全部で4つ
1プログラム10分以内

カーヴィーダンスを踊る時の基本ポイントをふまえつつ
Point 1
基本姿勢をいつも意識する
肩はリラックス
背筋はまっすぐ
お尻を軽く締める
お腹を引き上げる
ひざはロックしない
Point 2
肩の力を抜いて肩甲骨から腕を動かす
肩甲骨から動かすことでくびれ効果もアップ☆
肩甲骨から腕を動かす
肩は下ろしてリラックス
Point 3
跳ねないで粘って動く
粘～っこく動くこと☆
ぴょんぴょん跳ねない
下腹を体の奥から引き上げる
手始めに全部のプログラムにチャレンジしてみました
ALL PLAY
ピッ
しかしリズム感のない2人は大苦戦…
!?
?!

動きについていけないよ〜
あきらめかけたその時
こちらの気持ちを察するかのようにテレビから先生が
みんな〜
あきらめないで〜
あきらめないで〜
あきらめないで〜
コレすっごくウエストに効いてくるっからね〜
と語りかけるのを見て
奮起!!
ビシッ
やるっス!
あきらめないっス!
ぐっ
ぐっ
なんとかすべてを踊り切りました
フーーッ
終わった…
疲れたけどすごい効いてる気がするね
きっとワガママボディになれるね!
よいしょっ
うん…
でも
ボクは土日だけでいいや
平日帰り遅いし。
そ、そう…
ガクッ

その後も土日は2人でやったのですが
下半身は動かさないでね〜
プログラム1〜3をやっていました。
ダンスができるようになりたくて平日も1人でやるようになった私
なんか動きについていけるようになったかも
グッ
と手応えを感じ始めました
めっちゃ汗をかくので、夕食後1時間以上たってからおふろ前にやっていました。
そして開始から3週目の土曜日
あれ？ メイちゃんうまくなったね
…とダンナに言われ
イヒヒヒ
へへ！ あつがいない時にもやってるからね！
調子にのった私は
ダンナを指導
ムッ
ココはね
肩甲骨からやわらかく動かすの！
ほらこうだよ！
これがいけなかった!!
なんかつまんない…
ポツリ
しかもあんなちんちくりんにとやかく言われるなんて…

翌日
マッフー!!
あつ～
カーヴィーやろー
ボクはいい！
フイッ
ええ！やろうよ
汗かくしさ
絶対やせられるって！
つーん
だってボク
ついていけないもん！
自分が嫁よりも
ダンスについていけないことが
面白くないのもありますが
ダンナはどうも
・人から言われたこと
・複雑なこと
…をやるのは長続きしないようで
自分で決めたことなら3ヵ月は続く!!
単純なやつね！飲むだけ走るだけとかね！
ボクは
もうやらない！
ぶぅっ
早々に離脱（5回やって終了）
もちろん効果なし！
それをさみしく感じましたが
踊れるようになり
楽しくなってきた私は
キィー!!
じゃあ1人で
やるもん!!
なにさっ
あつの
メタボ野郎
その後も続けることに

樫木先生の明るく優しい
語りかけのおかげで
まるで先生がそばにいるみたいやで――
いいね～
そう！
できてる
できてる
楽しくやろうね
みんなー
1人でやってるさみしさも
あまり感じませんでした
しかし、徐々に
DVDをセットする手が
重くなっていった私
家事残ってるしな～
これから見たいドラマが始まるしな～
つーかメンドイし…
くっ
セット
できない!!
プル
プル
このままだと…
フウー
結局
セットせず
ジムの時のように
なっちまう!!
危機を感じた
私は
完璧にやり通さなきゃダメ！
ジム
ズーン…
マイルールにしばられ
足が遠のいていったジムと
同じパターンにならないように
DVDを見て
やらなくても
OK
ということにしました
そうしよっ

DVDを見なくてもできる!!

メイ流 ながらカーヴィーダンス講座

☆お皿を洗いながら☆（ウエスト・お腹・お尻に効く）

左足→右足→左足というふうに軽く
体重移動しながら、半円を描くよう
に腰を回す。

回数は特に決めずに
「筋肉使ってるな～」「効いてるな～」
って感じるまでやったよ

☆テレビを見ながら1☆（ウエストに効く）

足を広めに開き、腕を肩の高さまで持ち上げ、ウエストから上を左右に動かす。

☆テレビを見ながら2☆（ウエストに効く）

足を肩幅に開き、横に8の字を描くように骨盤を動かす。

ながらカーヴィーダンスが
功を奏し
無理なく続けて1カ月
メイ
やせたわね
カッ
ほんとだーっ
なんか
細くなった？
千里眼の母をはじめ
友人にもやせたと言われ
いざ
実測!!
ピーン
なんと2キロ減り
-2kg
50kg→48kg
ウエスト
-3cm
65cm→62cm
体も引き締まって
健康的なダイエットに成功！
私なりのワガママボディを
ゲットしたのでした
もう小太りだなんて
言わせないぞ!!
DVDを見てやるのは
やめちゃったけど
この後もカーヴィーダンス
続けたよ☆
くっそ〜

あの頃の私たち④

☆カーヴィーダンスダイエット 最終結果☆

私の小太り人生

小学校の高学年から常に体重を気にする、小太り人生を歩んできた私。ダイエットもいくつかやったことがありましたが、リバウンドの連続。「メイ、タンクトップ着ない方がいいぞ」と男友達に言われたり、「やせるって言ったのに全然やせねえじゃん」とあきれた彼氏にフラれたりもしました。

そんな私がついにやせた状態をキープすることに成功!! しばらくやせ時代を謳歌したのでした。

杜仲茶ダイエット
ダンナに妊娠線のような肉割れ線を発見し
体型ももはや妊婦!!
85kg
こっちが妊娠したいわ
と言っていた頃
めでたく子どもを授かりました
陽性キター!!
つわりってどんな感じかな～
と思っていたら
好きなものがより好きになり食べないと気が収まらないという食欲爆発系つわりが到来しました
ポテト
P
カレー
チョコ
もぐ
もぐ
かつ丼
急激な体重増加にも悩んでいましたが
それよりも日々の飲み物に悩んでいました
…というのも

私はコーヒーが大好きで
1日に何杯も
飲んでいたのですが
仕事中もずっとコーヒー
妊娠中はカフェインご法度
やめてけろっ
ブッブーー
代わりにカフェインレスの
コーヒーや麦茶、コーン茶を
飲んでみましたが口にあわず
麦茶、コーン茶はクセがなさすぎて水と同じ・・・
カフェインレスコーヒーは物足りない・・・
すぐに飽きてしまい
カフェインレスの
新たな飲み物を探していた頃
あ、そうだ
テレビで
食べるだけダイエットの
特集をやるんだった!
こりゃあ見ないと!
あつのために♥
ピッ
ズボラにオススメ♥
胆汁酸ダイエット
ほう…

胆汁酸ダイエットとは…
まいたけ
大麦
杜仲茶
腸もみダイエット
の4つによって
胆汁酸を活性化させ
脂肪燃焼を促進する
ダイエット!
胆汁酸とは…
体内にある物質で
内臓脂肪を燃やし、血糖値や
コレステロールを減らす
働きがあるんだYO!
つらい運動や食事制限を
しなくてもOK
週3でもOK!
普段の食事に「まいたけ」と
「大麦」をプラスして
「杜仲茶」を飲んで
毎日腸もみエクササイズを
することでやせられるものです
ふーん
もぐ
もぐ
とりあえず
まいたけと大麦と杜仲茶を
毎日摂ればいいのね
あんまり聞いてない
ぐっ
つーか
杜仲茶って妊婦は
飲めるのかな?
そこで、ネットで杜仲茶について
調べてみたところ

杜仲茶はカフェインレスなうえ
コレステロールの吸収を抑え
・鉄分
・亜鉛
・カリウム
・カルシウム
・マグネシウム
・各種ミネラル成分
・ビタミン類
など、人間の健康維持のために欠かせないものがバランスよく含まれているというのです
フォッ　フォッ　フォッ
万能か!
じーさん、スゲーなオイ!
早速ネットで杜仲茶を購入
買わずにいられるかーい!!
ポチッ
飲んでみたところ独特の苦みやクセがあるものの
1~1.5ℓの水に1袋入れて煮出すと…
あ…　おいしい
それがコーヒーの苦みの代わりになって、私は気に入りました
ダンナも
うん　クセは感じるけど　おいしいね
杜仲茶を気に入り
食べるだけなんでしょ?　やるやるー
ラクチン大好きーっっ
イエーイ♡
ダイエットにも乗り気なので

まいたけと大麦を買ってきて
胆汁酸ダイエット開始！
さぁーやるぞーー!!
大麦はごはんに混ぜて
米2合に対して
大麦50g
入れてました☆
まいたけの炊き込みごはんを作ったり
味噌汁や野菜炒めに入れたりと
1日1パック
使ってました☆
毎日おかずに
まいたけを加えましたが
実はまいたけ嫌いのダンナ
ごめん
ギブ…
めっちゃ入ってるんだもん…
すぐに根をあげて
1週間もしないうちに
まいたけ離脱
さようならーー
ごめんよ
そのうち大麦を買い忘れ
あ、
大麦！
でも買いに戻るのムリーー
ふーっ
ふーっ
スーパー
スーパー
そのままという感じになり

大麦離脱
ひどいやーっ
ごめーんっ
最終的に杜仲茶だけになりました
1人になってしもうたわい
私は毎日朝昼晩
1日1Lくらい
ダンナは平日の夜休日は朝昼晩
1日500mlから1Lくらい
まぁ私はいいんです妊婦だしお茶飲めれば
プハー!
だけどやせるかどうかでいえばダンナの食生活は変わってないし
朝
食べない
昼
ラーメンやステーキなど油っぽいもの
買い食い　から揚げ
夜
家のごはん
アイスかお菓子
肉系おかず多い…
かきピー
そもそもトクホのお茶で失敗してるし
自分で提案しといてなんですが
……。
トクホ茶
お茶を飲むだけでやせるわけがないと思っていました
あ
落としちゃった
チャリーン
しかし…

スッ…
あれ? ボク今スッと 鍵が拾えたぞ?
いつもなら お腹が邪魔 するのに…
なんと! ダンナが やせ始めたのです
逆に私はお医者さんに これ以上太らないようにと 言われてしまい
妊娠7ヵ月頃…
ウォーキングをすすめられました
1人でもくもくと 歩くなんてできない
さみしがり屋
と思ったので
ダンナに土日のどちらか1日は 散歩と称したウォーキングに 付き合ってもらいました
家から20分くらい にある大きな公園へ
公園内でもテクテク☆
カモとか
草野球を見たり…
合計2時間くらい歩いてました
この習慣は 出産まで続けられましたが 私はやせず (ただただ食べすぎ)
2ヵ月ちょっと

しかし、ダンナは
あれ？　最近
太ももがかゆくない！
いつもすれてかゆかったのに!!
少しずつやせているようでした
まあ、妊婦だからいいんだよ！
出産したらやせるはずだよ
へッ
とか言ってる間に
お腹の子が逆子になり
……。
心の準備もないまま
出産予定日2週間前に
帝王切開で出産
それでね、CMでやってたラザニアが…
ビビりすぎてコンビニの新商品についてしゃべりまくる私。
おぎゃあ
ラザニアのくだりで
つむたん誕生!!
はうあ〜
小太りとメタボ野郎は
親になりました
実は私、出産で約2ヵ月
里帰りしていたのですが
ただいまー
自宅に帰ってみると
やかんが表にでてたり
三角コーナーに
使用済のパックが
あったり
ちゃんと杜仲茶を
煮出して
飲んでいた形跡が！

杜仲茶飲んでたの？
うん、飲んでたよ！味が気に入っているし なによりやせるし!! それにね
ジョギング再開したんだよ！
えらい？ えらい？
ほめて〜
少しやせ始めたことに 気をよくしたダンナは
ジョギングを再開していました
前回の反省をふまえ 毎日ではなく週2回に ハードルを下げてトライ！
ま、それでも前回と同じく 3ヵ月で終了したのですが
玄関と一体化し始めるランニングシューズ…
1年半でなんと
85kg
それでも、まあ 太っちゃいるけど
78kg
7キロもの減量に 成功したのでした

私は産後、いくらかやせたものの
出産後
56kg
妊娠時
64kg
母乳をあげてくと
どんどんやせていくよ
と言う友達の言葉をうのみにし
母乳を言い訳に食べまくり
朝昼晩ごはん
+
板チョコ2枚食い!!
その他お菓子も
バキッ
たいして体重も下がらず
妊娠前から7キロ増をキープ
安定の55kg…
……。
ズボンの上に肉
太ももすき間なし
それでも育児に追われ、頭の中も
子どものことでいっぱいだった
ので自分の体重や体型は二の次に
ギャー
ウンチがとんだー!!
ダンナは
杜仲茶のおかげで
やせたんだ
ありがたや〜
と確信していましたが

私にとってはもはや
はうっ
ギッ
煮出さなければいけない面倒なやつくらいにしか思っていなかったため
手持ちの杜仲茶パックが終わったのを機に
ダンナに惜しまれつつ
手間かけてすまんなぁ…
行かないで~
老兵はただ去るのみじゃ…
引退
あっが煮出せばいーじゃん！
ちなみに杜仲茶をやめて1年ちょっとたった現在も
え!?
杜仲茶ダイエットの効果について、まったく信用していなかったのですが
ほじほじ
このマンガを描くにあたり
改めて調べてみるか
すると…

茶葉6グラムを煮出した杜仲茶を飲むと1時間ウォーキングしているのと同じくらいの脂肪燃焼効果が得られるとか!!
杜仲茶葉6g
1時間
1.5L
※ 2カ月間以上続けて飲んだ場合
ま…
まじか!!
やつが言ってたことは本当だったのか
ガーン
杜仲茶のおかげでやせたんだって本当だよ～煮出してくれよ～
やっ
ポチッ
久しぶりに杜仲茶をポチりました
次の日届きました…
便利な世の中ですね…
林製薬の
濃い杜仲
8倍
生活習慣
様

あの頃の私たち⑤

☆杜仲茶ダイエット 最終結果☆

つわりの置き土産

私の妊娠中のつわりによる食欲は、すさまじいものでした。一度「あの店のあのカレーが食べたい」と思ったら、それを食べるまで気が収まらず、わざわざ1時間かかる店まで食べに行ったこともありました。

産後、いくらか食欲は収まりましたが、一度ついた食習慣は抜けないものですね（涙）。その後も食べ続け、安定の55kgに至りました。

第4章　停滞期に突入

夕食は主食抜きダイエット
杜仲茶で7キロやせたダンナですが
おいで～
つむたん よろしく～
禁
娘がおっぱいだと間違えるほど豊満なバスト健在で
ガバッ
乳でないよ!
おっぱいじゃない!
おっぱいじゃないよ!!
まだまだやせる余地ありの状態
私が思うに停滞の原因は夕食!
というのも
キラッ
ダンナの帰りは遅く、だいたい23～24時に帰ってくるため
は～ つかれたぁ～

夕飯を食べたら
すぐ寝るという生活なのです
Zzz
この間1時間ほど!
もぐ
もぐ
通常、食後から寝るまで
3時間はあけた方がいいと聞くので
23時に夕飯を食べたとしたら…
2時に寝ることになる
本来なら会社で食べてきた方が
いいのですが、
そうするとお金もかかるうえに
あー
ダンナの場合
絶対、好きなものしか
食べない
ラーメン～
から揚げ～
すし～
ステーキ～
やっぱり
家で食べるしかないよな～
傷んじゃうかもしれないから夜用のお弁当作るわけにいかないし～…
どうしたものかと
常に考えていました
うーん
そんなある日、ダンナが
メイちゃん

ボク、夜は
おかずだけにする
だから
ごはん盛らないで〜
!?
と言い出しました
ど、どうしたの?
はい
おかず
ありがとー
ん〜
やせたけど、まだ体が重いし
階段使うと
すぐ疲れちゃう
座り仕事なのに
お腹が苦しくなっちゃう
い〜てててっ
持病の腰痛も
太ってると悪化しちゃうし
身軽になりたいんだよね
でさ、無理なく
やせるためにはって考えた時に
夕飯のごはんを抜かすくらい
だったらできるかな〜って
え
もぐ
もぐ
えらい!!
えらいよ、あつ!!
応援するよーー!
おかず増やすよー!!
ガタッ

かくして
主食の私をおいていくなんてヒドイわー!!
うわあああ
←米
夜はしばらく距離を置こう…
キリッ
ダンナの炭水化物減らしダイエットが始まったのですが
炭水化物を減らしてることに甘んじ、食後にアイスを食べるというおなじみのパターン
おやつじゃない
←意味不明
アイスは溶けたら液体だから大丈夫!
ハイハイそれな!
そのパターンな!
それじゃやせないよ
ハッ
と鼻で笑っていましたが
半年たった頃地味に1キロやせていました
見た目あまり変わらないけど…
にやり
78kg
77kg
ええ!?
だってアイスとか食べてたじゃん!
本当に液体なら大丈夫なわけ!?

私はというと、娘も1歳半を過ぎ、育児に慣れてきた頃
!!
ようやく自分の体型に直面
しかし
ハッ
ま、世の中のお母さんてのはみんな小太りだよね子どものごはんの残りを食べたりしてさ
…と、少し前のダンナのように自分の小太りっぷりを肯定し始めていたのですが
ダイジョブダイジョブー♪
あーっ
ある日
つむたん児童館行こー
あーーっ
気づきました
ん？
なんかここに来てるお母さん…
みんなやせてね？

気づいたら
小太りなのは
わたしだけ
メイ
やせたい!!
久しぶりに
湧き上がってきた
この気持ち!
うおおおっ
きゃ
娘の卒乳を機に
パイッ
オパイッ
ぐふふ
飲まないけど
おっぱいを見ると
指をさして
笑う。
夕飯後から寝るまでの時間は
何も食べないという
ダイエッターなら
当たり前のことを実践!
お菓子の代わりに
飲み物大量摂取!
ゴクゴク
また、朝昼晩のごはんを
1膳から2/3膳に減らしたところ
あー
カミカミするんだよ~
半年で2キロの減量に
成功したのです!
やったあーっ
55kg
53kg

やったね、メイちゃん!!
ぐっ
サンキュー ダイエットの友よー!
しかしそこからが2人ともやせない!
ドーーン
あっもか…
なんでなんだ… 炭水化物減らしてるのに…
ちょっと待って! 2人とも!
ザッ
え、何あいつ…
ボクがふった米だー!
炭水化物は私(米)やパン麺類だけじゃないのよ!
炭水化物=糖質だから、この他に
イモ類
果物
砂糖
砂糖の入ったお菓子
飲料も
炭水化物の仲間なの!
ジュース
ポテチ
チョコ
そうなんだ〜

炭水化物を抜くって言うならそれらも全部抜かないとダメなんじゃな〜い？
ふふっ
ま、せいぜいダイエット頑張って〜
は〜っはっはっ はっはっ
米びつに戻った！
米の復讐か!?
(注)妄想です。
あっ…もはやすべての炭水化物をやめないといけないんじゃ…
無理
米で精一杯っス
だよね 私も
即答
ストイックな食事制限は無理
激しい運動もしたくない
でもやせたい！
それまでは何かしらダイエット法を見つけてきましたが
な〜んもね!!
私たちのダイエットは今
やせたいよ〜
助けてくれ〜
ダイエット号
暗礁に乗り上げました

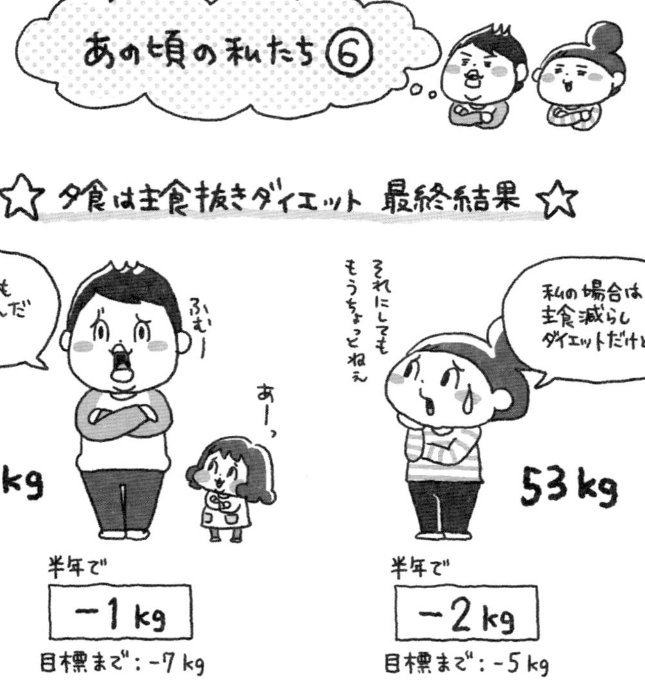

知ってはいたけども…

主食抜きはすぐに効果が出たので、やる気もみなぎっていたのですが、それもつかの間、なかなか減らない体重に私たちは身も心も停滞期に……。ダイエットには必ずこの時期がやってくると知ってはいましたが、実際になってみると耐えるのが難しいことがよくわかりました。ダイエットには即効性を求めてしまいがちですが、ここを乗り切ることが成功のカギなんですね。

ダメパターンに陥る2人…

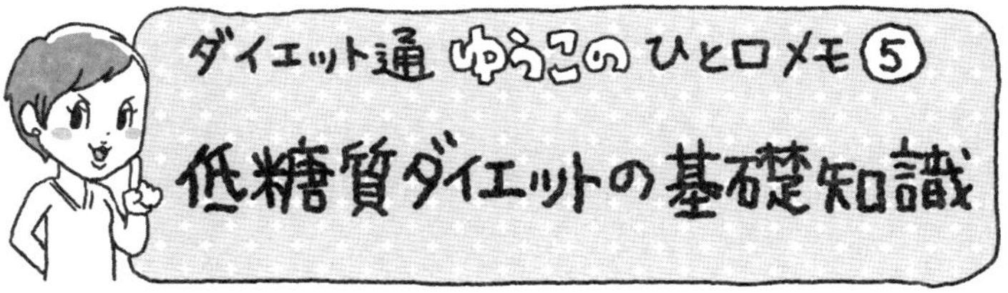

適当な糖質制限は失敗のもと。正しい知識と方法を覚えてね！

❶ 低糖質でやせるのはなぜ？

食事で糖質を摂ると血糖値が上昇し、体内ではこれを下げようとしてインスリンが大量に分泌されます。インスリンは別名「肥満ホルモン」と呼ばれていて、過剰な血糖を中性脂肪に変え、体に蓄える性質があります。血糖値を上げるのは糖質のみ。だから、摂取する糖質を減らすと余計なインスリンが出なくなり、やせやすくなるの。

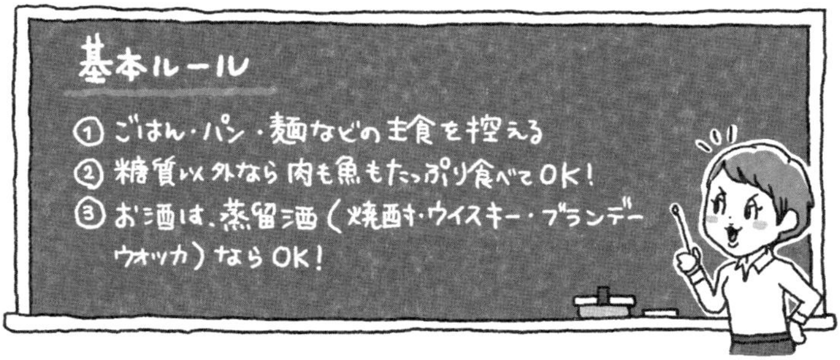

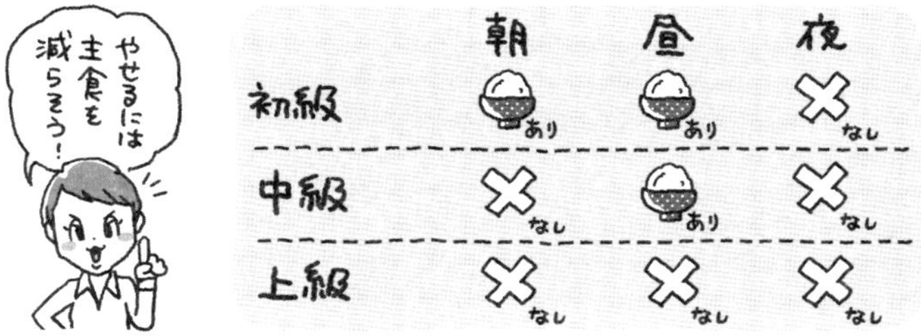

※おかずは肉・魚・野菜・大豆製品をバランスよく摂りましょう

② 糖質の多いNG食材

食べるのを控えたい食品は、ごはんやパンだけじゃない！　小麦粉や米粉を使ったお菓子や人工甘味料の入ったドリンクもNG食材よ。

・ごはん、パン、麺類、シリアル
・スナック菓子全般
・小麦粉を含む加工品
（カレールウ、ギョーザやシュウマイの皮など）
・ドライフルーツ
・市販の野菜ジュース、フルーツジュース、人工甘味料の入った飲料

③ ひと工夫で糖質ダウン

同じ食材でも調理の方法によって、驚くほど糖質が変わります。糖質制限しにくい外食時は特に、糖質が少ない料理を選ぶようにしてね。

魚の煮付け　糖質 22g

↓

焼き魚　糖質 0.3g

焼き鳥 タレ　糖質 12g
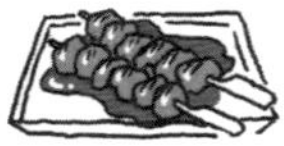

↓

焼き鳥 塩　糖質 4g
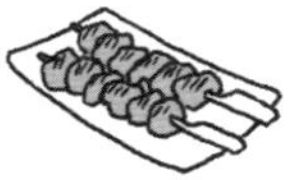

ポテトサラダ　糖質 25g

↓

コールスローサラダ　糖質 7g

ビール 350mℓ　糖質 11g

↓

ハイボール 350mℓ　糖質 0g

※上記は一般的な1人前の目安です

第5章　再スタート

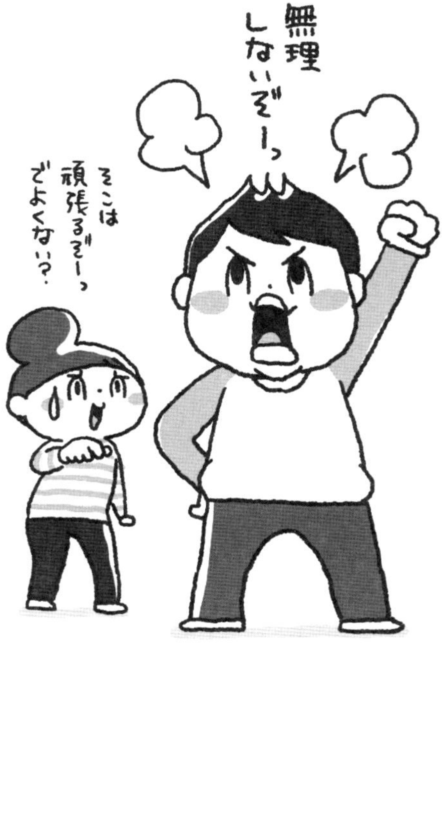

再スタート!
こうや豆腐ダイエット
あ〜やせたい…
けど、お菓子がうまい!
んだんだ!
ポテチ
ダイエットが暗礁に乗り上げて
からダラけてきた私たち
夕食のごはんを抜くダイエットは
続けていましたが
お菓子の量が増えつつありました
カキ
ポテチ
そんな時…
児童館
ゆうこ〜
やっほ〜
あ〜っ
ダイエットの方は
どうよ
う〜ん
かくかくしかじかで
全然やせないんだわ
よいしょっ
友人のゆうこは
あらゆるダイエット法を試した
いわばダイエットの先輩
ちょーイケメンの息子

整体の先生に
理想的な筋肉の付き方をしている！
と言わしめるほど
そっすか
細いだけでなく引き締まったボディの持ち主なのだ！
しかもオシャレ☆
なるほどね～お菓子を食べたい気持ちはわかるわ
あんた おかずはどんな感じよ？
うんとね…
週6肉系おかず
チンジャオロース
ひき肉と卵のそぼろ丼
チキンカレー
豚のしょうが焼
とんかつ
基本、肉多めだね！
ふむ まだまだ食事に改善の余地ありだね
これ知ってる？
今話題の
こうや豆腐ダイ
え～？
こうや豆腐がダイエットになるの？

こうや豆腐って実はダイエットにピッタリの食材なんだって！
恐縮です
高たんぱく！
低糖質！
高ミネラル！
低カロリー！
その上 栄養たっぷり♡
こうや豆腐を使った料理を夕食に食べることで自然とやせられるってわけよ
食べるだけキタ！
うっひょー
ありがとう！早速そのレシピ本買ってくるよ
じゃ、これにて！
ちょっと待って！
ん、なんだい？
急いでるんだけども？
あんたさ、体重毎日記録してる？
うーん たまにかな？
毎日記録して折れ線グラフにしてみ
へ〜っ
量るだけダイエットっていうのがあるくらいだからなんか効果あるかもよ
あーっ

ゆうこ、そこまで私のことを…
うるっ
やせたら教えて！そしたら私もやってみるから
最近太ってきちゃったからさ～
実験台かい！
早速帰りにレシピ本を買って熟読！
ふむふむ
こうや豆腐は1日に15～20グラム食べる
板状
1枚 16.5g
＝
あらびき状
大さじ6
＝
粉末状
大さじ4
夕食に主食兼おかずにするのがおすすめです
恐縮ですっ
ペコ
ペコ
こうや豆腐料理から食べ始めると満腹感が得られて、無理なく主食を減らせるとのこと
ただいま～
あのね…
おかえり！ついに新しいダイエット法がみつかったよ！
なに!? こうや豆腐？
はあっ
恐縮ですっ
ボク、苦手なんだよね～あのもそもそした食感がさ～
う～ん

でもひき肉の代わりとか小麦粉の代わりとかに使うからこうや豆腐って感じしないと思うよ
うん、わかった！食べるだけだもんねボクやるよ！
よし！
あと、あちらをご覧ください
体重グラフ
これから毎日体重を量ってあのグラフに記録してね！
!!
うちら今まで記録するってことやってこなかったじゃん
何となく量ってただけ…
グラフにすることで傾向と対策もわかると思うのよ
ほれ3サイズも測るよ
バスト 87cm
ウエスト 71cm
ヒップ 87cm
バスト 95cm
ウエスト 88cm
ヒップ 101cm
なんとダンナのヒップが1メートル超えという事実発覚!!
厳しい現実を知ったところで

次の日
こうや豆腐を
買いに行きました
色々な形状のものがありましたが
細切り状のやつ
細切り
こうや豆腐
板状のやつ
こうや豆腐
角切り状のやつ
だし付のものもある
ひとくち
こうや豆腐
だし付
角切り状が一番よく置いてある気がする…
粉末状のやつ
粉とうふ
チャック付
湯戻し不要のものがほとんどです☆
レシピ本に出てくる
あらびき状のものが
見つからなかったので
ひき肉料理に最適なのです
細切り状のものを
砕いて…
袋のまま
パキ
細切り
こうや豆腐
パキ
もしくは…
板状や角切り状のものを
フードプロセッサーで
あらびき状にして
使ってもOK！
その夜はハンバーグに
挑戦!!
☆レシピありP.105☆
ふん
ふんっ
ダンナにも
好評で
こうや豆腐って感じが
全然しないね！
お腹も膨れそう〜
……！
ガツ
ガツ
おいしー！
も
順調な滑り出し！

その後も、こうや豆腐を使った料理を色々作りました

なんと肉ゼロ！
衣も肉もこうや豆腐なのだ！

ひき肉の半分がこうや豆腐！
野菜もたっぷり加えれば
ごはんが少なくても大満足。

肉を減らし、薄く切った
こうや豆腐を入れる。

お好み焼き粉の半分を
こうや豆腐に！

私は、細切り状のこうや豆腐をお湯で戻さずそのままIN。味付けの時に酒を多めに入れるなど、水分多めに調整すれば、ボソボソしません！

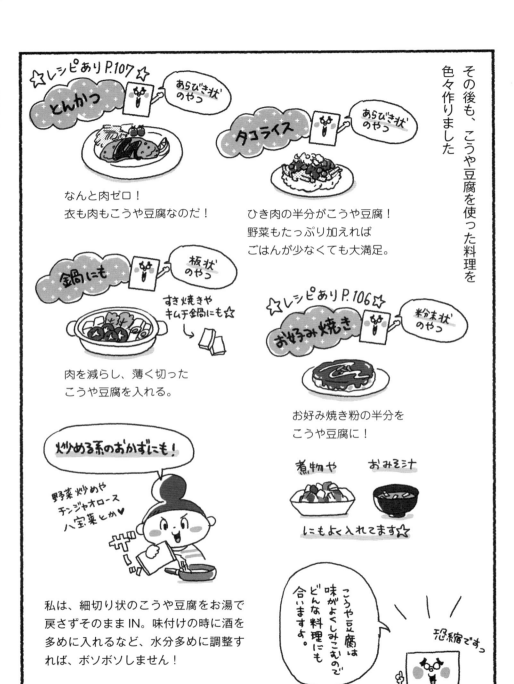

その結果、10日間で2人とも
1キロ減！
イエーーイ
私は、心なしか化粧のりも
良くなってきました
ファンデが浮いてない♥
また、グラフに体重を記録することも
ダンナにはかなり効果があり
カッ
ダイエットの大神様ー!!
毎回これを言ってから量る（謎）
ムムッ
メイちゃん
ボクより減ってる！
はうっ
メイちゃんに
負けたくない！
という対抗心が高まり
メラメラ
昼ごはんも気をつけるようになったり
ラーメン
たまに替え玉付
今は…
おにぎり2コ
サラダ
から揚げ2コ

休日になると気が緩んで食欲が増すので
おやつ代わりに納豆や豆腐を食べたり…
もぐもぐ
その場ダッシュをしたり
うおおおっ
あーっ
10秒ダッシュすると、1時間ほど空腹感が抑えられるらしいよ
色々な工夫で食べすぎを抑えました
私もビールを飲むと体重が増えることがわかったので飲みたい時は夕食の炭水化物を抜かすようにしたり
NO!
米再び
なによりお菓子を買わないようにしました!!
カラッ
お菓子ボックス
さらにアプリを使ったウォーキングも開始!
その話は後ほど
あーっ
しかし、どうしても抑えられない欲求が一つ
それは……

肉食いてーー!!
純度100%のやつ
こうや豆腐の影響かどうかはわかりませんがものすっごく肉食べたい欲が湧き上がり
だめだ…抑えらんね…
次の日ソッコーステーキを食べに行きました
ステーキ
このことがあってから
こうや豆腐を入れない日があってもいいや
お肉だけの日もつくることに
これで食事制限してる感じが減り
今日はホットプレートで焼肉ー♥
わあーい♥
気持ちもラクになりました

あと、このダイエットを始めてよかったことが一つ
あっ
要はカロリーや脂質を抑えるためにこうや豆腐でカサ増しするんだな
…とざっくりとらえていた私は
料理に野菜を多く使うようになりました
例えば…
豚のしょうが焼
+ キャベツ、人参、きのこ、もやし
+ こうや豆腐
もはや野菜炒め!!
おみそ汁は
基本
4種の野菜
+
こうや豆腐
やきそばは
麺よりも野菜が多い!!
サラダもよく食べるようになりました
すべてのおかずは米のためにある!!
米8：おかず2
くらいで良し
…と思っていた私が！
米をいかに減らすかを考える日が来るとは…
白菜と厚あげ入れるか…
厚あげ
そんな心境の変化がありつつ…

こうや豆腐ダイエットを1カ月続けた結果
77kg
75kg
53kg
51kg
2人とも2kg減!!
周りには気づかれないようですが
あれ?
?
?
2キロやせたことでパツパツだった服に
Before
パツパツすぎて上にあがってくる
パツパツすぎてポケットに手を入れられない
たるっとした部分がっっ!!
余裕が生まれたダンナ
私も、閉じていた太ももにすき間が出現しました!!
つくかつかないかギリギリのすき間だけどな!
やったあっ
こうや豆腐を料理に加えるのは苦じゃないし
仲良しだもんねー♥
恐縮ですっ

お菓子をあまり食べないことにも
慣れてきました
たまに食べるけど…
カフェで2つのスコーンを3人で分けてカロリー軽減☆
おいしいね♥
あっ！
メイちゃん！
うんっ
こりゃあ
イケる!!
ヤバイよ ヤバイよ、
やせちゃうよ〜〜?!
今までにない手応えと
無理なく続けられそうな予感に
私たち、ノッてきました

メイのオススメこうや豆腐料理
食感は同じ！
ハンバーグ
こうや豆腐って感じがしないよ！

あらびきこうや豆腐が
あるとラクですが
なければフード
プロセッサーや包丁で
みじん切りにすればOK！

材料（2人分）

あらびき状のこうや豆腐…30g
玉ねぎ…1/2個
合挽き肉…100g
A［卵…1/2個
　塩…小さじ1/3

作り方

①こうや豆腐にお湯をかけて戻し、軽く水気を絞る。玉ねぎをみじん切りにし、フライパンですき通るまで炒め、皿に移して冷ます。

じっくり

②ボウルに①とAを入れて混ぜる。合挽き肉も加え、さらに練り混ぜる。２等分にして小判形にまとめ、両手の間でたたきつけるようにして空気を抜く。

ねり
ねり

③サラダ油を熱したフライパンに②を並べ、強火で1分、弱火で4分焼く。裏返して強火で1分焼き、フタをして弱火で4分焼いたらできあがり！

じゅー

むしろこっちの方がおいしいんじゃね!?

お好み焼き

あーーっ
モチッとした感じがして、おいしいよ♥

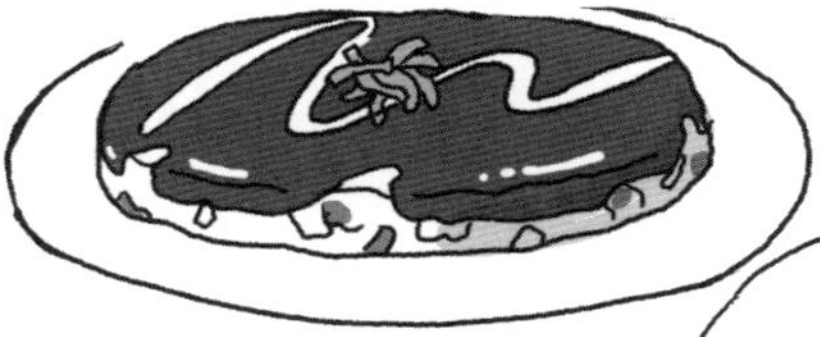

私はキャベツの他に
もやし、人参、きのこなど
野菜をたくさん入れるよ！

材料 （2人分）

お好み焼き粉…60g
粉状のこうや豆腐…40g
キャベツ…200g
水…120cc（様子をみて足してね）
卵（M玉）…1個
豚肉…6枚
具…イカ、えびなど好みの量で

作り方

まぜ
まぜ

①ボウルにお好み焼き粉、こうや豆腐、卵、水を入れ、混ぜ合わせる。

②①にキャベツと具を入れ、混ぜ合わせる。

じゅーーっ

③熱したホットプレートやフライパンにサラダ油を薄くひき、②を丸く流し込み、その上に豚肉をのせて焼く。まわりが乾き始めたら裏返し、3～5分焼いたらできあがり！

中身も衣もこうや豆腐！

とんかつ

外カリッ中トロッで
おいしいよ♥

中身がやわらかいので、
よく冷やしてから
成形してね！

材料（2人分）

あらびき状のこうや豆腐…50g
玉ねぎ…1/2個　小麦粉…大さじ3
だし汁…200cc

A
- すりおろしにんにく…小さじ1
- しょうゆ…小さじ1
- 粉チーズ…小さじ2

小麦粉、溶き卵、あらびき状こうや豆腐…各適量

作り方

①こうや豆腐にお湯をかけて戻し、軽く水気を絞る。玉ねぎを薄切りにする。

少しずつ〜

②玉ねぎをすき通るまで炒め、小麦粉をふり入れる。粉っぽくなったら、だし汁を少しずつ加える。

③こうや豆腐と**A**を加え、どろりとするまで煮詰める。冷蔵庫で冷やし、2等分にしてかつの形にまとめる。

ちょっといびつに
形づくると、より
かつっぽい。

④③に小麦粉→溶き卵→戻していないあらびき状こうや豆腐を順につける。

⑤175℃の油で④を2〜3分揚げ、できあがり！

多めの油で
揚げ焼きでも良し。

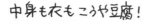

ゲームアプリでウォーキングダイエット
こうや豆腐ダイエット開始からまもなく
体重計おまえウソついてんだろ
……。
思ったよりやせない!!
…と感じていた私
…
昔は食事に気をつければすぐやせたのに!!
チッ
あー?
ふわっとよぎる運動の必要性
ほぼ家とスーパーと公園にしか行ってない人
食事だけじゃなくて動かないといけないよな〜
そんなことをダイエットの先輩ゆうこに相談したところ
ぐはっ
年だね
ズキューン
きっと基礎代謝が落ちてんだよ
あーっ
年…

そりゃあ
10代20代の頃みたいには
いかないっしょ
あー
そ、そうだよね…
ま、私その頃も小太ってたけど
やっぱ運動するしか
ないか～
だね～
でもさ～
子どもがいながら
やれることってあるのかねぇ
ないよな～
ない気がするな～
ねーつむたん
あーっ
あんた
動きたくない
だけでしょ
じゃあウォーキング
やってみれば？
1番無理なくできる
有酸素運動でしょ
あー
え～
1人でやるの
つまんないし
ブーブーと
うるせーな!!
あんた
やせる気あんの!?
ブー
ブー
ブー
じゃあ
これやってみ！
イングレス
スイッ
イングレス？

Ingress
イングレス
ウォーキングのアプリゲームだよ
世界中のプレイヤーがレジスタンス（青組）とエンライテンド（緑組）の2チームに分かれて、地図上のポータルと呼ばれる拠点を取り合う陣取りゲーム
ゲームのフィールドは現実の地図とリンクしていて
市民球場
現実の地図
画面はこんな感じ
イングレス上の地図
実際の建物やモニュメントがポータルとして設定されており、実際にその場所まで行かなければ、陣取りができないのだ
こんなんとか
ゲームしながら自然とウォーキングができちゃうの

へぇ～
なんかよくわからないけど
面白そうだね！
すごい時代だわ～
うん
私もよく
わかんない
けど！
これでウォーキングしたら
いいよ
やってみてさ～
わかっております
やせたら
ご報告いたします！
メイ発進！
あ～
ゆうこ司令官
うむ
励みたまえ
早速アプリをダウンロードして
登録！
Google アカウントが必要だよ☆
ゲームは基本無料♥
ちなみにチームはレジスタンス
（青組）にしました
…というか
なっちゃいました。
ブッ
どーんっ
ポチッ

やってるうちにわかってくるよね
スマホの操作もそんな感じで覚えたし
…と思い、ベビーカーを押しながら試しに歩いてみました
しかし…
ハック？
レゾネーター
リンク？
カタカナ語が大量に出てきてちんぷんかんぷん
そうだ私ゲームにうといんだった
ガーン
と気づきその日は5分で終了
帰ってネットで調べてみました
つーか、そもそもどんなゲームかわかってないんだよな～
ハハッ
すると、わかりやすく例えてくれてる人を発見！
このゲームはね
きゅる♡
あなたはワンちゃんで…
街の色々な電柱（ポータル）にマーキング（ハック）して…
なわばりを作るゲームだよ♥

なるほどーーーー!!
わし 犬なのね!
やっとゲームをざっくりと理解
めっちゃざっくりだけども
あとねっ
初心者用にトレーニングメニューがついているからそれをやると基本操作が覚えられるよ
そうなんだね!ありがとう~
がんばってね~っ
プリッ
…というわけで
まずはトレーニングメニューをやってみることに
集中するためにダンナにつき合ってもらう
するとちんぷんかんぷんだったカタカナの意味もぼんやり見えてきて
これがハ…
ハッ
ハック!!
そうよメイ!それがハックよ!
ガッシャ
カッシャ
例えるならヘレンケラーのあのシーン

俄《が》然《ぜん》やる気が出てきました
私は レジスタンスの エージェント!
プレイヤーのこと
フフッ
わくわくしながら ウォーキング開始!!
またつき合わされるダンナ
・・・。
草
っしゃー!!
ポータルを見つけたら すぐさま
ハック ハック!!
うおりゃあ
ハックとは…
侵入のこと。敵、味方も関係なく、ポータルをハックすると、AP（アクセスポイント）や色々なアイテムが手に入る
どんなアイテムが 手に入ったのか はじめは よくわかりませんでしたが
ゲットした感が楽しくて
なんか いっぱいゲットした
ホク ホク
おっ、こっちの方 ポータルが めっちゃある!!
行ってみよ!

ついつい足を運ぶことになり
待って〜
もう少しで次のポータルに着く!
ふん
ふん
さらに足を運ぶことになり
着いた〜……って
あれ!?
この先になんか
落ちてる!!
行かねばっ
気がつけば1時間もウォーキングしていました
すごいよ、これ!
ついつい歩いちゃうわ!!
んで、ついつい
やせちゃうぞ
こりゃあ
疲れた〜
あ〜っ
草
また、いつも素通りしているようなものがポータルに設定されてたりするので
地面にこんなのが
あったのか〜
タイルアート
さるすべり
へぇ〜
××の記念樹
なんだ〜
小さな発見が

見慣れた景色が
少し新鮮に見えてきました
ハマった私は
その後もどんどん歩き
公園
図書館
変な彫刻
マーキング～
MYなわばり（フィールド）も
作れるようになりました
このフィールドが作れた時は
うれしかった～！
やった！
メイのなわばりが
できあがったわ!!
小さいけども…
ぐっ
ソッコー敵チームに攻撃され
破壊されましたが…
フィールドがあ～っっ

やっぱ私、レベル3だからすぐ破壊されちゃうのかな～
エージェント（プレイヤー）には8段階のレベルがあり使えるアイテムもレベルによって変わります
イメージはこんな感じ♡
ポータル
ヒーッ
どけオラッ
しめ縄投げるぞコラァ
土佐犬
トイプー
レベル8
レベル3
そんなこんなで
レベル4になった
やった～♪
楽しく続けていたのですが
や…
やいやいやい
やいやい
ついに娘に限界が…っ!!
つむたんご乱心!!
ヒッ
やいやいやいっ
（なんで止まるんだ!!早く公園へ行けーっ）

ベビーカーを押しながら
スマホを操作するのは危ないので
その都度立ち止まっていたのですが
ごめんねっ つむたん！
あーーっ
早く行こー
これによって娘が不機嫌に
しかも
スマホをチラチラ見ながら
ベビーカーを押している姿に
冷ややかな目線を送ってくる
おばさまたちの目に
耐えられず
うっ
ダメ母ですみません
ジロッ
ジロッ
ジロッ
ジロッ
まあ〜〜
断念!!
私が悪うございました
あーっ
ははっ〜っ
子連れには
ちと厳しいかもしれません
ちなみにこの本の編集
鈴木さんは
ダイエッター
仲間でも
あります
どうも
鈴木です

レベル8までいった強者
ズン
2ヵ月で100キロ歩きました
いや、別にヒマッてわけじゃないですよ?
土佐犬レベル
レベル8ともなると戦略も必要になってくるそう
パソコンで広範囲の地図を見てルートを考えます
なかなか奥深いゲームみたいです
無理なく歩けるうえに
ゲームも面白いのでかなりおすすめ!
興味のある人はぜひトライ!
ぐっ
あれ?ちょー重いんだけど

ダンナの寝たままストレッチダイエット
どうもボクです
ダンナです。
2日ぶりのう〇こ中です
こんな時にほんとすみません
こうや豆腐ダイエットを始めてまもなくうちのちんちくりんが
ほげ〜
インなんとかっていうゲームアプリでウォーキングを始めました
ハックハックて
付き合わされるボク
鼻息を荒くしてボクにもすすめてきましたが
……
楽しいし知らないうちに沢山歩いちゃうのあつきもやってみるといいよ〜!!

ボクはゲームはわからないので
グーッ
くっさ!!
丁重にお断りしました
でもあつも運動した方がいいって!
と言うのですが
面倒なのでスルーしていました
ソウダネー
ロボかっ!!
心の込もってない返事
寝て起きたらやせてないかな~
おはよう
と常日頃から思っていましたが
こうや豆腐ダイエット10日目に1キロ減ったことで
ステキな下降線…!!

ボクの中でも
スキージャンプばりにグラフを下降させたい!!
もっとやせたい!
という欲が出てきました
運動かぁ…
ポツリ
もうジョギングはしたくないし、かといってちんちんくりんの言うアプリはよくわからない
ゲームにもスマホにもうとい
なんかないかな〜
そう思っていたある日
TSUOYA
2人でハマっているマンガを借りに○タヤへ行った時のこと
やったー
35から39巻残ってた〜
まじか〜!
そのお店はレンタルだけでなく本も販売していて
レンタルゾーン
カフェ
本
会計

会計に向かう道すがら
るんっ
いや〜2週間待った甲斐があったわ〜っ
んだんだ
あーっ
何気なく見たその先に
ひざや腰に負担がかからない
寝たままストレッチ
運命的な出会いが!
アツイ!!
でさ〜
ははっははっそうだね〜
ススス…
即、購入しました
1点〜
え!?何それ
ピッ
1000
マンガ
メイちゃんすまん

本には色々なストレッチが書いてありましたが
ふむ〜
まんまと買わされたわ〜
できそうなやつをピックアップ
キリッ
無理しすぎない主義なんで
その日の夜からやり始めました
なにそれちょーかわいい！
パーンヤッ
パーンヤッ
ちょん
ちょん
うるせーなパー子か！
私もやってみる！
ボクにはけっこうキツいストレッチなのですが
ん？ あっこれ効いてる？
ガーン
嫁にはあまり効いていないようで
どうやらメタボのボクにちょうどいいレベルのようです
腹肉の差かな〜

あつ流 寝たままストレッチ講座

☆ちょんちょんのやつ☆
（つま先タッチ腹筋）

お腹に力を入れて！

左右交互に
20回

①両ヒザをそろえ
胸の方に引きつける。

腰は浮かせちゃ
ダメだよ～
ちょん

ボクは寝る前に
やってるよ☆

②左右交互につま先を
ちょんと床にタッチ。

☆トドのやつ☆
（コブラのストレッチ）
お腹を鍛える ストレッチだよ★
①両足を肩幅程度に開き、両手は肩の横に置く。
①〜②を 10回
お尻にも効く！
②上体を起こし、お腹を伸ばして２秒キープ。
これは私にも キツかったわ〜

嫁におちょくられながらも
ニヒヒ
今日も
あのカワイイやつ
やるのかい!?
ちょんちょんて
やるのかい？
寝たままできるので
やりますとも!!
たとえ深夜2時でも!!
ふんっ
無理なく続けられました
その甲斐あってか
こうや豆腐のおかげか
わかりませんが
恐縮です
1カ月で2キロ減！
セクシーだろっ？
いや、まだ
お腹出てるし!!
あと、う○こ事情にも変化が!!
きゅるっ
ボクは
OPP（お腹ピーピー）なので
腸に良さそうな
納豆やヨーグルト
好きなのに
なぜっスかね～
ハハッ
でると
たいてい下痢なのですが

なんと下痢をしなくなりました！
下痢が…
軟便に!!
ちょっと固まりました♥
通勤中のぶらり途中下車も減りました!!
そして確実にストレッチのおかげだと言えることが
スリーサイズの変化！
ウエスト -1.1cm
バスト -1.7cm
プリッ
ヒップ -3.6cm！
やったな！
特にヒップはトドストレッチの賜物！即効性はなくっても
ボクは今日もストレッチを続けています
イーチ
ニー
!?
?

レボリューション！

実はダンナは「過敏性腸症候群」と診断されていました。これは、ストレスなどが原因で慢性的に下痢や便秘、腹痛をくり返す疾患のこと。これまでも改善しようと色々試してきましたが、いっこうによくならず。ストレスのせいだと諦めていたんです。
そのため、マンガではさらっと描きましたが、ダンナが下痢をしなくなったこと、通勤中の途中下車が減ったことはまさに革命でした！

我が家の年末年始
その後もダイエットは順調に進んでましたが
74kg台に突入ー♥
50kg台に突入ー♥
イエーーーイ!
私たちに差し迫ってきた2つの敵!! それは…
?
クリスマスとお正月!
ドーーン
例年、私たちはそれはもう大量に食べまくっていたのですが
フライドチキン
ピザ2人でLサイズ
ケーキ
チョコウエハース
お菓子大袋大量買い
BEER
BEER
ビール
おもち
冬休み中に1袋ペロリ

あっ、今年は食べすぎないようにしよう！このグラフを上昇させないように！
あたぼーよ！
…と決意した私たち
ラウンド1　クリスマス
ドーーン
カーン！
食べすぎないと決めたものの
やっぱりクリスマスムードは味わいたい！
と思ったので
スープ、前菜にメインケーキも食べたいなぁ
あーっ
ブスッ
レシピ
クーピー
パーティー感がありつつなるべくローカロリーなレシピを考えた結果

こうなりました！
人参のポタージュ
牛乳を豆乳にして
カロリーを抑える☆
☆レシピあり P.136☆
鶏むね肉とカラフル野菜のテリーヌ
寒天で固めることで
ちょっとオシャレな前菜に☆
ローストチキン
近所のお肉屋さんで
買いました。
フライドチキンより
ローカロリー☆
食べる時間は17時30分から
なるべく早い時間に食べるようにしました☆
☆レシピあり P.137☆
レアチーズケーキ
なんとクリームチーズなし！
水切りヨーグルトで作りました☆
サーモンとホタテアボカドの押し寿司
華やかな見た目で
ごはん少なめに☆
ダンナにも娘にも好評で
レアチーズケーキもう1コ食べていい?!
あー。(私もー)
無事クリスマスを乗り切りました
うおりゃあっ

ラウンド2　お正月
ドーーン
カーン!!
我が家は毎年
大晦日から1月2日まで
ダンナの実家で過ごすのですが
JR岐阜駅
金ピカ織田信長像
実はそこが1番の難関なのです
ただいまーー
よく来たね～
…というのも
コーヒー
飲みたいな～
よいしょっ
メイちゃん
コーヒーいれたよ
え!?
小腹すいたな～
わんわー

あつ、小腹空いたでしょ
これ食べなさい
おまんじゅう
つむたんはヨーグルトね
あーん
え!?
まるで心が読めてるんじゃないかと思うほど
ちょっと寒いな…
え!?
メイちゃん寒いでしょ？コレ着て
サッ
お義母さんが気の利く方で
こちらが言うよりも先に出てくる、出てくる
サッ
メイちゃんの好きな甘栗とチョコね
甘栗
あつがおいしいって言ってたアイスね
サッ
カロリー爆弾
カロリー
ギャー
最初は抵抗していましたが
ごはん前だしっ
お義母さん！もうお腹いっぱいなのでけっこうです
そう？
あ
メイちゃんあんこ好き？
お義母さん…

お義母さんのもてなしに負け
おいしそーーっっ!
しかも料理上手だから厄介!!
帰省1日目にして
ス
私たちの食欲も爆発!!
…………!!
結局3日間で1・5キロ増という結果に
WINNERー!!
うう…っ 負けた。
帰りの新幹線で
うむっ
明日から頑張ろう
大量のお土産(お菓子)
…と、かたく誓い合ったのでした

メイのオススメクリスマスレシピ

鶏むね肉とカラフル野菜のテリーヌ

味がうすく感じたら
お好みでぽん酢を
かけて♥

材料　(16cm×16cm×高さ3cmの器)

鶏むね肉（小）…1 枚
きゅうり… 1 本
赤・黄パプリカ…各 1/4 個
粉寒天…4g
塩（鶏肉用）…小さじ 1
塩・こしょう…適宜

A
- 水…600cc
- 酒…大さじ 1
- しょうがチューブ…2cm
- ぽん酢…お好みで

作り方

①鶏肉に塩をふって 10 分間おく。水でさっと洗い、鍋に入れる。

②①に **A** を入れ、フタをして弱火にかける。アクを取りながら 13 分ほど蒸し煮にする。

③肉は皮を取り、粗くほぐす。煮汁はこし、カップ 2 を取っておく。

澄んだスープ

④野菜をすべて千切りにする。きゅうりは塩少々をふって 5 分ほどおき、紙タオルで水気をふく。

⑤③の煮汁を温め、粉寒天を加えてかき混ぜる。沸騰し、粉寒天が溶けたら、塩・こしょうで味をととのえる。

まんべんなく
しきつめよう

⑥器に鶏肉と野菜をしきつめ、⑤を注いで冷蔵庫で固める。食べやすい大きさに切って、できあがり！

本当にチーズ入ってないの!?
レアチーズケーキ
大好評！
2人でほとんど食べちゃった♥

ケーキ型じゃなくても
普通の深めのお皿に入れて固め、
スプーンですくって小皿に
盛ってもおしゃれだよ☆

材料　（18cmの丸型１個分）

プレーンヨーグルト…500g
砂糖…70g
牛乳…150ml
粉ゼラチン（ふやかし不要）…9g
レモン…1/2個
ブルーベリージャムなどお好みのジャム

作り方

①ざるにキッチンペーパーをしき、プレーンヨーグルトを入れる。ボウルを受け皿にし、冷蔵庫に一晩おく。

フレッシュチーズ
みたいになる♥

②重さが半分になった①と砂糖をボウルに入れ、混ぜる。

③牛乳を80℃以上に温め、粉ゼラチンを入れよくかき混ぜて溶かし、粗熱が取れたら②に加え、混ぜる。

④③にレモンの皮をすりおろしながら加え、汁も絞って混ぜる。

⑤型をさっと水で濡らして④を流し入れ、冷蔵庫で固める。食べやすい大きさに切り、ジャムをそえたらできあがり！

ダイエット通 ゆうこのひと口メモ⑥

鍋で短期集中ダイエット

1 ～ 2kg 太ったなと思ったら、鍋料理を続けてラクラク減量を！

❶ 鍋は栄養たっぷりで低カロリー

野菜をたっぷり使う鍋は、ヘルシーで食べ応えもあって調理も簡単！　ちょっと太ったなという時に、7日間くらい夕食を鍋にするとラクに体重が戻せるの。

ちょっと太ったら
鍋ダイエットで
もとに戻すの☆

❷ おすすめの具は野菜ときのこ類

食材はダイエットによいものを選んで。食物繊維たっぷりのきのこ類や春菊、白身魚や豆腐もおすすめ。鶏肉は高カロリーな皮を取って使いましょう！

オススメ具材

野菜	白菜、キャベツ、春菊、ねぎ ほうれん草、ショウガ
きのこ	えのき、しめじ、舞茸 しいたけ
魚介	タラ、ブリ、あさり ほたて、牡蠣
肉	鶏むね肉、豚ロース、豚もも肉
その他	豆腐、しらたき

③ 高カロリーなスープは使わない

市販の鍋スープは糖質や脂質がたくさん含まれているものが多いので、ダイエットに向いているものを選ぶか手作りのスープを用意しましょう。

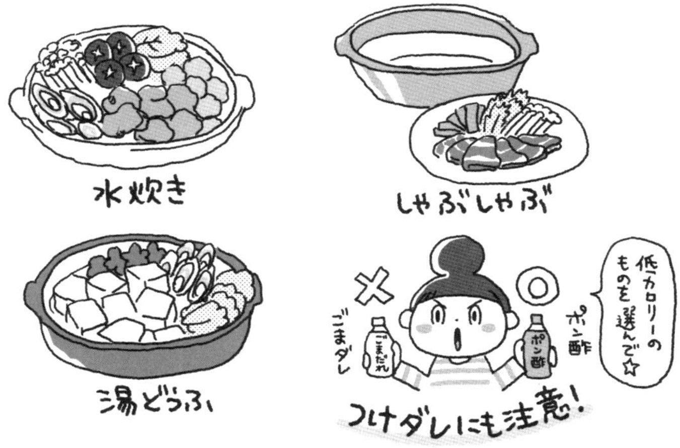

④ ごはんやうどんなどのシメはNG！

シメにごはんやうどんを食べると、高カロリーに。また、鍋のスープには肉から出た脂質がたっぷり。シメと一緒に食べると太りやすいので注意して。

見つけた！
これが我が家のダイエット法
心配していた正月太りもなんと3日で元通りになりました
いつもの生活に戻っただけなのに！すごいね〜
以前なら、正月で爆発した食欲を引きずっていたのに
なんか口寂しいんだよね〜
わかる〜
74kgジャスト！
むしろ今までで最も低い数値をたたき出したダンナ
ボクすごくない？すごくない？
正月太りから
−2kg！
今までは食べてる最中から
もっとお腹空いてきた
絶対おかわりする！
と言っていたダンナが
食べ始めたばっかりだっつーの
自ら食べすぎに気をつけたり
この辺でやめておく
ごちそうさま〜

帰りにパン
買い食いしちゃった…
ダメだな
こういうのはクセになるから
次から気をつけよう…
ただいまっ
ブツ
ブツ
?
体だけでなく心もやせてきた
気がします
今日は多めに
寝たままストレッチ
やっとこう
ちょん
今まで色々なダイエット法を
試してきましたが
そのなかで
ジョギング
カーヴィーダンス
夕食は
主食抜き
寝たまま
ストレッチ
ジム
サプリ
青汁
トクホ茶
杜仲茶
こうや豆腐
イングレス
わかってきたことがあります
それは…
いかに頑張らないか
無理しないか
そして
1人でやるより
夫婦でやった方が
ダイエットは成功する
です

具体的なポイントとしては
Point 1
アツイやる気と高い目標は持たない
1ヵ月で5キロやせるぞ！
と意気込んでやると最初は頑張れてもそう長くは続きませんやせたとしても、元の生活に戻ればリバウンドしてしまいます
ダンナの例
−6kg
ジョギングをやめた後元に戻った…
ほどよいやる気と
1ヵ月で1キロやせるぞ
…など即効性を求めず無理のない目標を設定しましょう
Point 2
ハードルの低いダイエット法を選ぶ
あーっ
効果はあってもハードルが高いと挫折しがちに
○○しなきゃ
ジム遠いな〜
ジム
私の例
ジム通い
と気負うものではなく
○○しとくか
よいしょっ
くらいハードルの低い方法を選びましょう（○○するだけダイエットとか）

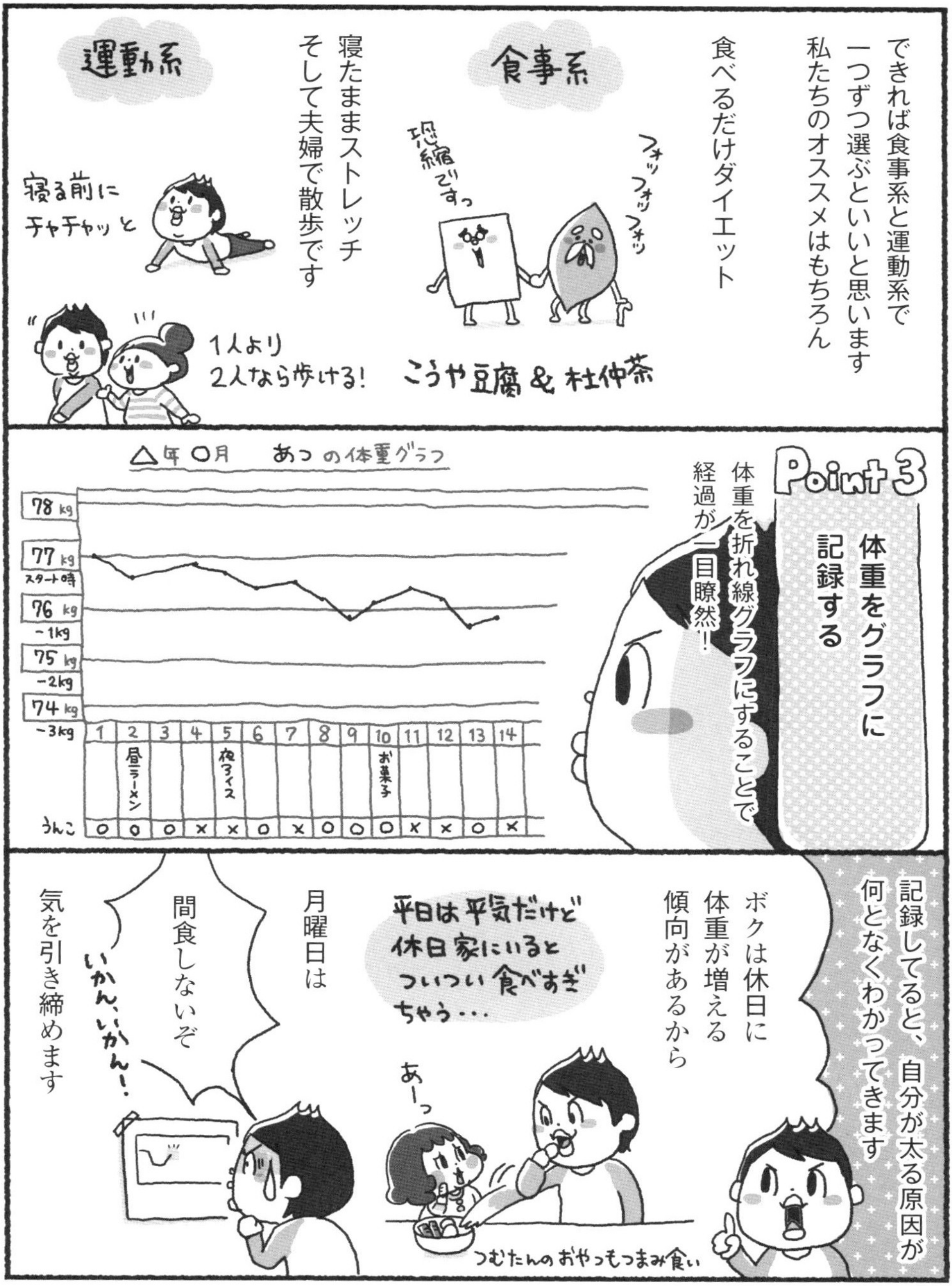
できれば食事系と運動系で
一つずつ選ぶといいと思います
私たちのオススメはもちろん
食べるだけダイエット
フォッフォッフォッ
恐縮でっすっ
食事系
こうや豆腐 & 杜仲茶
寝たままストレッチ
そして夫婦で散歩です
運動系
寝る前にチャチャッと
1人より2人なら歩ける!
Point 3
体重をグラフに記録する
体重を折れ線グラフにすることで経過が一目瞭然!
△年 ○月 あつ の体重グラフ
78kg
77kg スタート時
76kg −1kg
75kg −2kg
74kg −3kg
1 2 3 4 5 6 7 8 9 10 11 12 13 14
昼ラーメン
夜アイス
お菓子
うんこ ○ ○ ○ × × ○ × ○ ○ ○ × × ○ ×
記録してると、自分が太る原因が何となくわかってきます
ボクは休日に体重が増える傾向があるから
平日は平気だけど休日家にいるとついつい食べすぎちゃう・・・
あーっ
つむたんのおやつもつまみ食い
月曜日は
間食しないぞ
いかん、いかん!
気を引き締めます

Point 4
食べたいおやつは2人で半分こ
なるべくお菓子を買わないようにしていますが、それでも高カロリーなケーキやお菓子を食べたくなった時
もう我慢できない!!
食べたいストレスが爆発した時まるでバキュームのように食べるダンナ
ポテチ
食べるのを我慢するとその後の反動も怖いし
1人でちょこっとずつ食べるという器用なこともできないので
やっぱり残りも食べちゃお～♪
結局 丸々1コ食べる…
2人で半分こにしてカロリーを軽減!!
おいしいね♥
食べた満足感も得られるし食べすぎも防げます
Point 5
夫婦で情報を共有する
体重の記録はもちろんのこと
我が家ではリビングのドアに並べて貼っています
その日頑張ったことや失敗したことも共有します
今日、から揚げ買い食いしちゃったの…
あら～

そうすることで競争心が生まれるし
私はね
今日、つむたんと
1時間ウォーキング
したよ！
1歩リードだね〜♪
くっそ〜〜っっ
競争はかなり有効☆
会話も増え、夫婦の絆も
深まる気がします
……
ちなみに…
以前の私たちは
こんな感じ
TV
付き合いが長くなると話題も
なくなってきますよね…
Point6
ダンナをほめちぎって
励ます
頑張った時や
体重が減った時は
見て
メイちゃん！
昨日より1キロ
減ったんだよ！
2割増しで
ほめます
あっ
すごーい!!
やっぱり
仕事できる人は
違うわ〜
また、2割増しで
悔しがります
スタート時から
もう2キロ減じゃん
くやしーーいっ
私なんて
まだ
-1.5kg
なのにーーっっ
逆に失敗したり
体重が増えてしまった時は
大いに励まします
太っちゃった…
昼にラーメン
食べたからかな？
大丈夫だよ！
寝たままストレッチ
頑張ってるじゃん

そうすることで
ダンナのやる気も
持続している気がします
そうだよね！
寝たまま
ストレッチ毎日
やってるもんね！
とりあえず明日の昼は
なるべくヘルシーな
ものにする！
余談ですが…
クーピー
昔見た番組でモデルさんが
言っていたのですが
私は夫と話す時は
「さしすせそ」を
心がけています
それは…
ほう
ほう
ダンナを喜ばせるには
「さしすせそ」の言葉で
あいづちを打つのが
いいらしいのです
さ → さすが
し → 知らなかった
す → すごーい
せ → センスいい
そ → そうなんだ
「し→信じてる」とか
「せ→せっかくだから」
とか 他のバージョンも
色々あるみたいです。
テレビで知ったその日から
私も意識して使ってみたものの
あまり効果を感じませんでした
しかし…

ダイエット中は「さ」と「す」が大活躍です
すごーい！さすが、あっ！
鼻高々！
ダンナにもダイエットの秘訣を聞いてみたところ…
ところでさー…
ボクね、夕食のごはんを抜き始めてから朝ごはんを食べるようになったの
しゅるるるっ
え？家で食べてないよね
うん、通勤中のぶらり途中下車が怖いから
ぐるるるる。
会社の最寄駅に着いてから買って食べてるんだ
野菜ジュース
ゆでたまご
&
固定メンバー
カステラなど
いちご大福など
焼菓子
or
和菓子
変動メンバー
ダンナの朝ごはん
何なの、そのチョイス…
お腹が空いて買い始めたんだけど
夜おかずだけだし…

何となく続けてるうちに習慣になってきて
この人毎日同じようなもの買うな～
1点～
ピッ
今はね、これを食べないと1日が始まらないって思うくらい日常化してるの
シャキーン
もぐ
もぐ
さ、仕事すっか！
ダイエットも同じだと思うんだ
ダイエットって一時的にやるものって感じじゃない？
ダイエットするんだ！
へぇ～いつまで？
けど、やせたら終了ってのはダメだと思うやめたら大抵元に戻っちゃうでしょ
ありがちな会話…
だから無理なく続けられる方法を選ぶことでダイエットが一時的なものから毎日の習慣に変わって
その習慣が日常生活に浸透してこそダイエット成功って言えるんじゃないかなそうすればリバウンドもないし
ダイエット
日常
日常にとけこむ～
なるほどね～

今回のこうや豆腐と
寝たままストレッチは
そんなに無理してる
感じがしないんだけど
やっぱり少し我慢してるんだ
家のごはんは野菜が多いし
野菜
ちょっと苦手
もりっ
夜、お菓子を食べたいのを
我慢してる時もあるし
ポテチ食べた〜い
ボク、これまでのダイエットって
大体3ヵ月で終わってたんだ
でも今回のを4ヵ月続けられたら
3ヵ月で終わった
ダイエット法の数々
ジョギング
サプリ
青汁
トクホ茶
我慢にも慣れて
この生活が日常化すると
思うんだ
だから
あと2ヵ月が勝負なの！
ぐっ
偉そうにダイエットのポイントを
並べましたが、私たちもまだまだ
発展途上
うん
頑張ろうっ
このダイエットの日常化を目指して
エイエイオーー
これからも気負わず
2人でのんびり頑張ります

おわりに

ダンナに続いて
私もついに50キロジャストに！
待ってろよ40kg台!!
あ～っ
ダイエットの先輩ゆうこからも
やせたじゃん！
頑張ったね
おほめの言葉をいただきました
たまに73キロ台に
突入するようになったダンナも
イエイ イエイ！
会社で「やせた？」と
言われるようになったそうです
あつさん
顔がスッキリした
気がする～！
そう??
ほんとだーっ
会社の人に
何を言われても
気にしないと
言っていたダンナですが
まんざらでもないようです
まいったわ～
すっごい
沢山の人に
言われてさ～
へ、へえ～
私の後について
きながら報告

そしてついにメタボから卒業しました!!
健康診断結果☆
もう一息の努力を期待!
あと−2cm!
・ウエスト 87cm
⇨数値オーバー
・コレステロール値 ⇨OK!
・空腹時血糖値
脂肪肝じゃないよ!
⇨OK!
GPT
そんなダンナがある日
メイちゃん 服買いに行きたい!
と言いだしました
え!?
買い物に行っても食事のことばかり気にしていたダンナが
お昼 ラーメンにする? 焼肉にする?
まず服見ろや!!
ついには
メイちゃんが適当に買ってきて
と言っていたダンナが
ほじ ほじ
買い物に行きたいと言う日がやって来るとは!!
いいよ! 行こう行こう!
いくらでも買ってやらぁ
メイちゃん泣いてるの!?
喜び勇んでデパートへ買いに行きました
PAICO
PAICO
PAICO

何が欲しいの？
パンツ～
今のやつ大きいからさ！
えっへん
昔パッツパツだったパンツが
ベルトが必要なくらいゆるっゆるに！
ここ見た～い
おっと…まぁまぁいい値段するブランド選びやがったな
やっぱり気にしてる
これどう？
わぁ、いいじゃん！やっぱりあつはステキなものを見つけるね
久しぶりの2人での買い物
選んでるだけでも楽しい！
これは？
お、いいね～

以前はこのブランドにダンナが履けるサイズのパンツはなかったのですが
2年前
あっ履けたー?
………
ちなみにこの頃は36～37インチ
これにする!
え!?
あろうことかスキニータイプのパンツを選び出してきたダンナ
強気だなあ!!
ちょっと! 無理だって! スキニーだよ、これ!?
店員さん
だ、大丈夫 きっと履ける!!
とりあえず1番大きいサイズ履いてみる!
記念受験的に試着するもんだと思っていましたが
大丈夫! この近くにサカ○ンあるから…
※LLサイズの店
いざとなったらそこで買おう…

シャッ
メイちゃん見て！
ビクッ
すごくない？
ボクすごくない？
ウエストにゆとり！
結局、1番大きいサイズの一つ前のものがピッタリでした
シャーーッ
33インチがはいった…
2人で大興奮！
……！
ぴょん
ぴょん
ソッコー購入しました
← ココ現実的
カードで2回払いでお願いしますっ
ついでにジャケットも購入☆
XL → Lサイズ

ついでに私のパンツも購入
Mサイズ ただいま〜!!
私も何年かぶりに スキニーパンツを購入!!
つむたんにも久しぶりに 西○屋以外で
あーっ♥
トレーナーと もこもこショートパンツを購入!
ホクホクしながら帰っている途中
メイちゃん
ボク もっとやせたいな
おぉ! またやる気出てきた?
前さ、やせてた時の服 全部捨てたじゃん
やせた時のために とっておこうよ〜
いいの! ボクは今を 生きてるの

実は1本だけ捨てなかったパンツがあるんだ
高かったし、気に入ってたからどうしても捨てられなくて
あれをまた履けるようになりたいなーって
あれ30インチなんだけどね
ふーんいいじゃん
ステキな目標だね！
えへへっ
目標体重まで…
70kgまで
あと-4kg
現在
74kg(たまに73kg台)
48kgまで
あと-2kg
現在
50kg

時に食べすぎてしまうことも〜
他社商品うまーっ
あつさん
それ参考商品なんだから
残しておいてくださいよ〜
運動をサボる日もあるけれど
ハッ
チュンチュン
寝かしつけたまま
自分も寝ちゃった！
ストレッチやってない…
ま、
そんな日もあるさ
うーんっ
ふわぁ〜
…と
のんびり構えられるように
なりました
2人で競い合い
励まし合いながら
私たちの
ダイエットの航海は
これからも続きます
おーっ
ゆっくりとね☆
ダイエット号

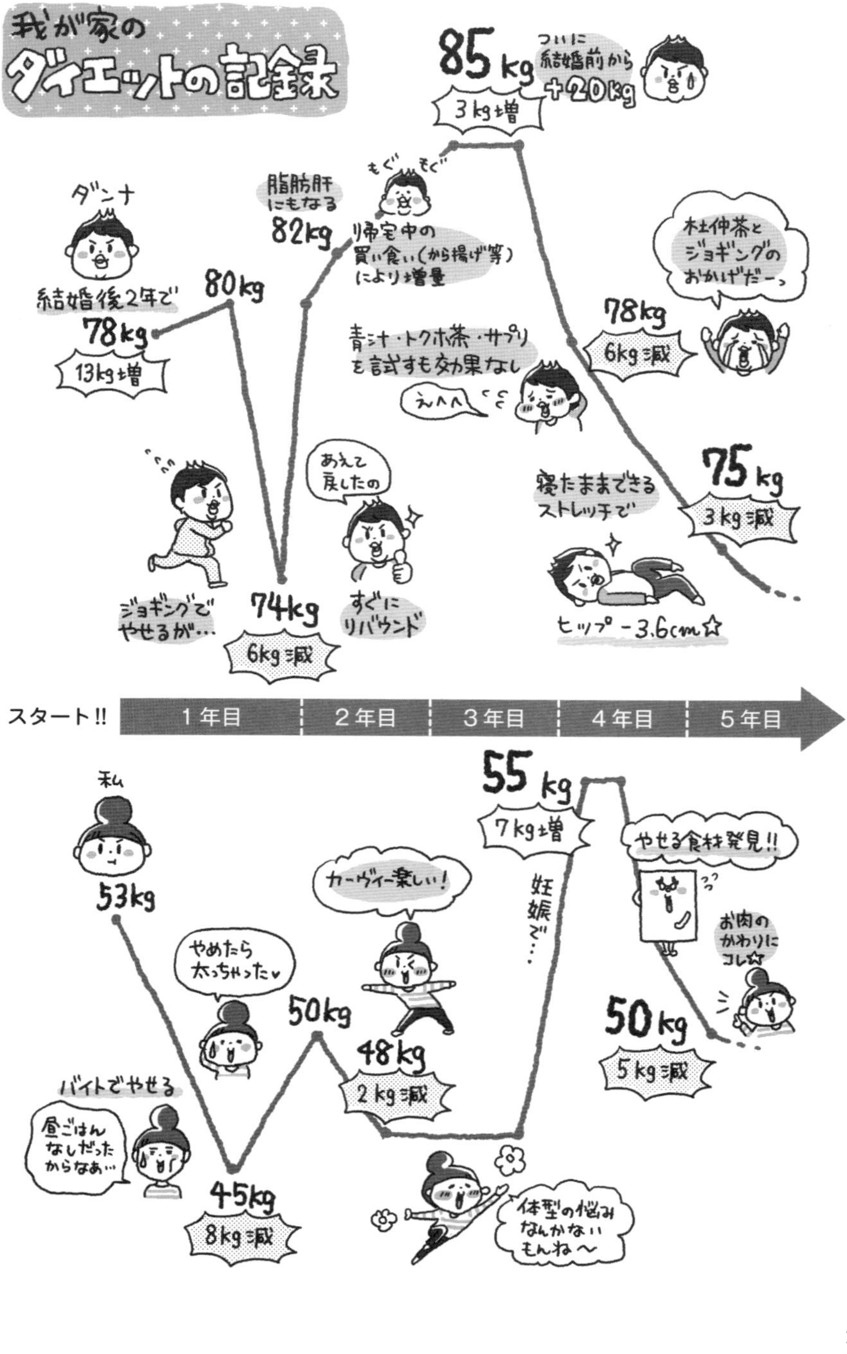
我が家の
ダイエットの記録
ダンナ
結婚後2年で
78kg
13kg増
80kg
ジョギングでやせるが…
74kg
6kg減
あえて戻したの
すぐにリバウンド
脂肪肝にもなる
82kg
もぐ もぐ
帰宅中の買い食い（から揚げ等）により増量
85kg
3kg増
ついに結婚前から＋20kg
青汁・トクホ茶・サプリを試すも効果なし
えへへ
78kg
6kg減
杜仲茶とジョギングのおかげだーっ
寝たままできるストレッチで
75kg
3kg減
ヒップ－3.6cm☆
スタート!!
1年目
2年目
3年目
4年目
5年目
私
53kg
バイトでやせる
昼ごはんなしだったからなあ…
45kg
8kg減
やめたら太っちゃった♥
50kg
カーヴィー楽しい！
48kg
2kg減
体型の悩みなんかないもんね〜
妊娠で…
55kg
7kg増
やせる食材発見!!
お肉のかわりにコレ☆
50kg
5kg減

体重記録シートの使い方

毎日１回、体重を記録シートに記入しましょう。折れ線グラフが右肩下がりになると、ダイエットに成功している実感とやる気がアップ！　サボり防止にも効果的。

A 目安の体重を記入

初日の体重を、上から２つ目の枠に記入します。そこから＋１kg、－１kg、－２kg、－３kg の数値を書き込みましょう。

B 日々の体重を記録する

体重は、毎朝トイレの後に計量するのがオススメですが、入浴前など続けやすいタイミングでも OK ！

C 一言メモを書く

食べたものを記録したり、食べすぎた時の反省などを書いておくと、何をするとやせる（太る）か気づきやすくなります。

D 運動や排泄をチェック

小さい枠は「運動」をしたら○、しなかったら×を書いたり、排泄の回数を記入するなど、自分がチェックしたい項目に使います。

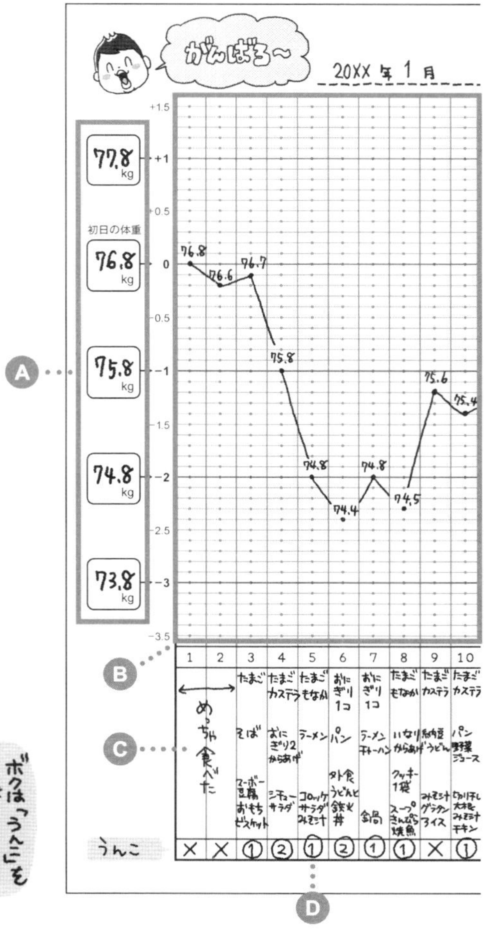

[著者] メイ ボランチ

イラストレーター。1983年生まれ。武蔵野美術大学デザイン情報学科卒業後、お菓子メーカーに就職。2009年退社後フリーのイラストレーターに。雑誌・書籍・広告など、多くのメディアで活動。ボランチは本名をもじったもので、生粋の日本人。

ホームページ　http://mei-boranchi.com/

装丁デザイン　宮下ヨシヲ（サイフォン グラフィカ）
本文デザイン　渡辺靖子（リベラル社）
編集　鈴木ひろみ（リベラル社）
編集人　伊藤光恵（リベラル社）
営業　青木ちはる・栗田宏輔（リベラル社）

編集部　廣江和也・海野香織
営業部　津田滋春・廣田修・中村圭佑・三田智朗・三宅純平

[参考文献]

DVD付き 樫木式カーヴィーダンスで即やせる（学研プラス）／一生太らない！寝たまままストレッチ（日経BP社）／あらびきこうや豆腐ダイエットレシピ（小学館）／一番かんたん　即やせる！　糖質量ハンドブック（新生出版）／NHKためしてガッテン 科学のワザで確実にやせる。（主婦と生活社）他

メタボでズボラな夫がみるみる10kgやせました

2016年2月24日　初版

著　者　メイ ボランチ
発行者　隅田 直樹
発行所　株式会社 リベラル社
〒460-0008　名古屋市中区栄3-7-9 新鏡栄ビル8F
TEL 052-261-9101　FAX 052-261-9134　http://liberalsya.com
発　売　株式会社 星雲社
〒112-0012　東京都文京区大塚3-21-10
TEL 03-3947-1021
印刷・製本　株式会社 チューエツ

ISBN978-4-434-21723-4